大学
入試

基本の「型」がしっかり身につく

自由英作文の合格教室

鈴木健士

トフルゼミナール講師

KADOKAWA

「何を書いたら良いのかわからない」

「何を書いたら良いのかわかっても、それをどうやって英語にしたら良いのかわからない」

「後回しにしてきたけれど、そろそろやらないといけない」

「やらないといけないのはわかっていても、何をどうしたら良いのかわからない」

　志望校の一般入試で自由英作文が求められる、または総合型選抜入試や英検などの英語民間試験でライティング対策が必要という皆さんは、こんな悩みを抱えているのではないでしょうか。「英語のライティングは難しい」と思われていることが多いのですが、実は英語の４技能と呼ばれるものの中で、いちばん短期間で点数を上げやすいのは、ライティングなのです。しかし、前述のような自由英作文の悩みが結局解決されずに、不安を抱えたまま試験に臨むことになり、納得のいかない結果に終わってしまう受験生は実際に多いものです。

　その悩みの一因は「自由英作文」という名前にあります。実は、自由英作文は「不自由」なのです。

　水泳には「自由形」というものがありますが、ここでの「自由」というのは好き勝手に泳いでよいという意味ではありません。「自由形」の水泳にも決まり事があります。同様に「自由英作文」にもルールがあります。そのルールを本書でしっかり身につけることで、自由英作文という難題に立ち向かっていけるようになるのです。

　それでは「自由英作文のルール」とは、一体何なのでしょうか？

　自由英作文には３つのルールがあります。

　１つ目は「**抽象から具体への展開**」です。このルールを知らずに、連想ゲームのように思いつくままに文を書き連ねていってしまうと、

英語のエッセイではルール違反で、読み手に内容が伝わらず、評価されるものにはなりません。本書では最初にこの自由英作文のベースとなるルールを丁寧に学習していきます。

2つ目は「**因果関係**」です。一言書いて終わってしまったり、支離滅裂な展開になってしまったりする自由英作文は、主張に対して理由を述べる形になっていないことが多いのです。本書では、そのような主張に対する理由の「因果関係」を明確にして、首尾一貫した段落を構成するための練習も徹底的に行っていきます。

3つ目は「抽象から具体への展開」と「因果関係」を「**英語で表現する**」ためのルールです。2つの基本展開を日本語で組み立てられても、それらを英語で表現するための技術がなければ、合格を勝ち取れる英作文にはなりません。本書では、やみくもにフレーズを丸暗記するのではなく、特に有効である「3つの重要表現」を軸に、自分オリジナルの「最強のテンプレート」を作成することで、自信を持って試験本番に臨めるようにレッスンを組み立てています。

本書をお読みになった皆さんが、さまざまなトピックに対応できるライティングの極意をマスターすることで、ライバルに差をつけて合格の切符を手に入れるだけでなく、一生涯使える英語表現の力を身につけられることを、切に願っています。

本書の執筆には多くの方々にご協力いただきました。特に、Inspire English の Taka 先生、Azusa 先生、トフルゼミナールの中澤俊介先生、早稲田大学名誉教授のジェームズ・M・バーダマン先生、株式会社 KADOKAWA の駒木結さん、そして企画段階から本書の実現にご尽力いただいた同社の細田朋幸部長に御礼申し上げます。

2021年10月吉日
鈴木健士

Lesson 5 ネガティブな意見を展開する
ポジティブで対応できないときはコレ！

Lesson 6 自分のネガティブテンプレートを作ろう
これで無敵の英作文！

Lesson 7 実践演習にチャレンジ その1
短めの英作文①

Lesson 8 実践演習にチャレンジ その2
短めの英作文②

Lesson 9 実践演習にチャレンジ その3
本格的な英作文に挑戦！

Lesson 10 総仕上げのレッスン
300語の英作文も怖くない！

本書の特長と使い方

STEP ① 段落構成力を身につける

Lesson 1・2 では、段落構成のために必要なポイントを、対話形式で深めていきます。
英文を書き始める前に重要なポイントをチェックしよう！

STEP ② 評価される英文の「型」を身につける

Lesson 3〜6 では、使える「型」を紹介しながら、それぞれのオリジナルテンプレートを作っていきます。
自分に合うオリジナルテンプレートを作ろう！

6

STEP ③ 実践形式で段落構成&「型」を確認

Lesson 7〜9では、作成したテンプレートをもとに、段落構成を確認しながら実践的な自由英作文に挑戦します。「型」を身につけて英作文に慣れよう!

STEP ④ 難関大レベルの実践問題で力試し

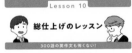

Lesson 10では総仕上げとして長めのエッセイに挑戦します。
300語の英作文でも、「型」があれば書ききれることを実感しよう!

本文デザイン:喜来詩織(エントツ)　本文イラスト:はしゃ

鈴木先生

通称すったけ先生。ノリの養殖を営む漁師の家系に生まれる。千葉の片田舎で上総方言を話す親族に囲まれて子ども時代を過ごすが、なぜだか物心ついた頃からイギリス留学を目指すようになる。その夢を実現させてさまざまな国際イベントに参加した後、現在は通訳翻訳者兼予備校講師として活躍している。実用英語の世界で培った経験や技術を生徒に還元するため日々奮闘中。

こうき

ちょっと天然なところがあるサッカー少年。部活を引退してやっと勉強に本腰を入れ始めた。まだまだ英語は粗削りだが第一志望の外語大に合格できる可能性を秘めているため今後に期待。

ゆり

ちょっとおっとりしているように見えるが、実はフィギュアスケートを幼い頃から続けている努力家のスポーツ少女。英語の民間試験で高得点を取って総合型選抜入試で国際教養系の大学合格を勝ち取るのが目標。

とも

趣味は勉強。さまざまな模試で全国上位の成績を収める優等生。名門国立大学が第一志望だと周囲には言っているが、実は海外の大学に強い憧れを持っている。自信過剰になってしまうところが玉にきずだが、高い能力の持ち主であることに疑いはない。

なみ

小中時代に5年間をアメリカで過ごしたいわゆる帰国子女。リスニングとスピーキングの能力は高いので、少し苦手な文法を克服して、TOEFLなどの英語民間試験で高得点を取得して海外の大学に進学するのが目標。

先生　この講座を担当する鈴木健士です。今日から全10回のレッスンで自由英作文の書き方を勉強していくよ。

なみ　すったけ先生のレッスン、楽しみにしてました！

先生　みんなで頑張ろうね。早速聞くけど、自由英作文は得意かな？

こうき　めっちゃ苦手です。書き方が全然わからなくって。

先生　自由英作文ではまず「**首尾一貫した段落の構成を作る**」ことが大事だよ。でも、一言書いただけでペンが止まってしまったり、量は書けても内容が支離滅裂で何が言いたいのかまったくわからないものになってしまったりする人が多いんだ。

ゆり　私は一言書いただけでネタがなくなっちゃうパターンかも。

こうき　僕は量は書けても内容が微妙で評価してもらえないパターンかな。

先生　その2つの問題を乗り越えてきちんと自由英作文を書けるようにするために、まずLesson 1で「抽象から具体」、Lesson 2で「因果関係」**という段落を構成するベースになるもの**を学んでいくよ。このルールを学んでおくのはとても大事なことなんだ。「自由英作文」なんていう名前のせいで、何でも思いつくままに自由に書いて良いものだって勘違いしてしまう人がいるんだけど、実は「自由英作文」は「不自由英作文」なんだよ。

とも　不自由英作文？

先生　そう。自由英作文にはいろいろルールがあるから全然自由じゃないんだ。それを守らずに書いてしまうと評価されないし、アイデアが浮かばなくて途方に暮れてしまう。だから「抽象から具体」と「因果関係」の展開のルールを学んでおくのは、すごく大切なことなんだ。

なみ　なるほど。

先生　きちんとルールを学んでから何かに取り組むのはすごく大切だよね。

こうき　確かに。

先生　例えばラグビーのルールを知らない人たちが本気で試合をしたらどうなる？

こうき　めっちゃぶつかり合ってけが人だらけになると思う。

なみ　けが人どころか死者が出ることだってあるんじゃない？　大変なことになるよ。

ゆり　確かにそうだね。

先生　そんなふうに、ルールを知らずに本気でラグビーをしたらとんでもないことになるよね。同じように英作文の場合にも、ベースになる「抽象から具体」と「因果関係」というルールを学んでおかないと大変なことになってしまうんだ。だから Lesson 1 と Lesson 2 でそのベースをしっかり学んでおくことがものすごく大切なんだよ。

とも　そこは俺の得意分野だと思う。

先生　段落がきちんと構成できるようになったら、それを英語で表現できるようにならないといけないね。つまり、自由英作文には、主に以下の２つの要素が求められるっていうことだよ。

自由英作文に求められる要素
① 「抽象から具体」と「因果関係」を中心とする段落構成
② ①の内容を英語で表現する技術

こうき　でも自由英作文のいろいろなトピックの内容を英語で表現するのって難しそう。

先生　それはもちろん簡単なことじゃないけど、①の「抽象から具体」と「因果関係」を中心とする段落がきちんと構成できるようにさえなれば、「３つの表現のポイント」を押さえることでかなり書きやすくなるんだ。

なみ　「３つの表現のポイント」って何ですか？

先生　**「important」「possible」「positive」**の３つだよ。この３種類の表現を自由自在に使えるようになると、自由英作文がグッと書きやすくなる。３つの単語の頭文字をとって、「自由英作文のIPP」とでも呼んでおこうか。

こうき　「IPP」かあ。何か面白そうですね。

先生　楽しみにしていてね。構成がちゃんと考えられるようになれば、「IPP」

をマスターすることで自由英作文がものすごく書きやすくなるから
ね。その詳細は Lesson 3 で学習していくよ。

なみ　そんなに便利な表現なんですか？

先生　めちゃくちゃ役立つよ。魔法だと言っても良いくらい、そこに出てく
　　　る表現をマスターすると、見違えるくらいに良い英作文が書けるよ。
　　　期待しててね！

ゆり　はい！　めっちゃ期待してます！

先生　「IPP」をマスターしたら、さらに効果的に書けるように、Lesson 4
　　　ではポジティブな内容の自由英作文を書くためのオリジナルテンプ
　　　レートを作るよ。Lesson 3 で学習した表現を組み合わせていろいろ
　　　なテンプレートが作れるようにしてあるんだ。

こうき　何かすごそう。

先生　期待を裏切らないものになると思うよ！　その後の Lesson 5 で「IPP
　　　（important、possible、positive）」を応用した「impossible」系と
　　　「negative」系の英語表現を学習するよ。

とも　その後はどんなことをやるんですか？

先生　さらに Lesson 6 で、「IPP」を応用した、「impossible」系と
　　　「negative」系のネガティブな内容の自由英作文を書くためのテンプ
　　　レートを作成するよ。これで自由英作文を書くための準備が整ったこ
　　　とになるんだ。

なみ　準備が整ったら？

先生　Lesson 7 と Lesson 8 では 100 語くらいの短めの自由英作文、
　　　Lesson 9 と Lesson 10 では 300 語くらいの長めの自由英作文にチャ
　　　レンジしていくよ。

とも　けっこう長めの英作文に挑戦するんですね。俺にはぴったりだな。

先生　　そうだよ。その作業を通じて、大学入試の自由英作文に対応できる
　　　　ようになるだけじゃなくて、英検などの試験のライティングセクショ
　　　　ンでも高得点が狙えるようになるからね。総合型選抜入試などで、
　　　　英語の民間試験のスコアが必要な人にも役立つ内容だよ。全体をま
　　　　とめるとこんな感じになるよ。

Lesson 1・2 **段落構成力を身につける**

〈レッスン目標〉 抽象から具体への流れと因果関係を意識して段落構成をする。

Lesson 3・4 **ポジティブなテンプレートの練習**

〈レッスン目標〉 自分に合う基本のポジティブテンプレートを作る。

Lesson 5・6 **ネガティブなテンプレートの練習**

〈レッスン目標〉 自分に合う基本のネガティブテンプレートを作る。

Lesson 7・8 **100語の短い英作文を書く**

〈レッスン目標〉 「型」を身につけて英作文を書くことに慣れる。

Lesson 9・10 **300語の長い英作文を書く**

〈レッスン目標〉 長い英作文でも「型」を使って書ききる。

先生　　それじゃあ早速Lesson 1の授業を始めようか。
こうき　ワクワクしてきたな。
ゆり　　楽しみだね。
なみ　　頑張ろうね！
とも　　何か新しい発見があると良いな。

流れは「抽象」から「具体」へ

お猿の次は、バナナじゃない！

流れは「抽象」から「具体」へ

お猿の次は、バナナじゃない！

┥ Lesson 1のポイント ┝

「抽象から具体」という作業が苦手なために、「柑橘類→グレープフルーツ→イチゴ」のように思いつくままに文を書いてしまって、「連想ゲーム」のような首尾一貫性のない段落になってしまう人が多く見られます。段落の構成をきちんと作れないと、どれだけ素晴らしい英語が書けるようになったとしても、大学入試や英検などの試験で評価される自由英作文を書けるようにはなりません。ここで「抽象から具体」の流れを作るという基礎を築くための学習をしていきましょう。その基礎さえ築ければ、あとは肉付けをするだけで、合格を勝ち取れる英作文が必ず書けるようになります！

◎「抽象から具体」とは？

先生　「自由英作文」は「不自由英作文」っていうことは、説明したよね。ここからは**「抽象から具体」の流れ**の作り方を学習していこう。

こうき　「抽象から具体」ですか？

先生　そうだよ。この「抽象から具体」の流れをちゃんと作れるかどうかが、きちんとした自由英作文を書くための鍵を握っているんだ。その大切な「抽象から具体」の流れを学習していこう。

こうき　はい！

先生　例えば、最初に「私は猿が好きだ。」っていう文を書いたとする。その後にはどんな文が続くかな？

なみ　「猿はバナナが好きだ。」って感じかな？

先生　　その後は？

とも　　バナナといえば台湾バナナかな。なんかおいしいんだよね。

先生　　その後は？

ゆり　　台湾ってバナナより、パイナップルのイメージかな。

先生　　じゃあその後は？

こうき　去年台湾行ったんだけど、九份（きゅうふん）ってところめっちゃきれいだった！

なみ　　映画『千と千尋の神隠し』のモデルになった説があるところだよね。

とも　　実はモデルじゃないらしいんだけど。

こうき　え、そうなの？　ずっと信じてたんだけど……。

先生　　今のみんなの発言をまとめるとこうなるね。

私は猿が好き ➡ 猿はバナナが好き ➡ 台湾バナナはおいしい
➡ 台湾といえばパイナップル ➡ 九份という観光地がきれい
➡ 『千と千尋の神隠し』のモデルという噂（うわさ）

こうき　そうだね。良い感じで繋げていけたと思う。

先生　　本当にそう思う？

とも　　うーん、何かまとまりがない気がするな。

先生　　実はね、こんな感じで英作文を書いちゃうとダメダメなんだな。

ゆり　　どうしてですか？

先生　　「お猿の次はバナナじゃない」んだよ。

なみ　　え？　どういうことですか？

先生　　こんなふうに思い浮かんだことを次々に自由に書いちゃうと、「カオス」で「グロテスク」で「地獄絵図」な英作文になっちゃうんだ。

とも　　そんなにひどいんですか？

先生　　そうだね。英語のロジックを期待して採点している人からすると、発狂したくなるような構成なんだ。英作文は全然自由じゃないんだよ。

こうき　あ、先生が「不自由英作文」って言ってたの思い出した。

先生　　繰り返しになるけど、お猿の次はバナナじゃない！

とも　　お猿の次がバナナじゃないなら、何の話をすれば良いんだろう。

先生	猿に始まって猿に終わるんだよ。
なみ	全然意味がわかんない……。
先生	「猿→猿→猿→猿→猿」っていう感じで書かないといけないんだ。
とも	何かわかってきた気がするぞ。
こうき	今ので？　マジで？
ゆり	どういうことですか？
先生	例えば、大好きな人に「猿を連れ戻して欲しい」って頼まれたとする。「そうしないと別れる」と。
なみ	どんな無茶振りなんですか？　先生の実体験なんですか？
先生	内緒だよ。「猿を連れ戻して欲しい！」とだけ言われて、いきなり探しに行けるかな？
こうき	「OK！　任せといて！」なんて言えないかも。
先生	そうだね。ちゃんと猿のところにたどり着けるように、なるべく具体的に言ってもらわないといけないよね。「猿」だけだと、世界中の猿が全部入っちゃう。だから少し範囲を狭めよう。
とも	例えば、「アジアの猿」なら探す範囲がけっこう狭まるよね。
こうき	確かに。ヨーロッパとかアフリカとか探し回らなくても良くなるね。
先生	でも「アジアの猿」だとまだまだ範囲が広すぎて、猿を探しにいけないよね。
ゆり	「アジアの猿」から「日本猿」にすると範囲が狭くなって探しやすくなるかも。
とも	確かにね。それでも日本全国探し回らないといけないから、まだけっこう大変じゃない？
なみ	でも「日本猿」から「千葉のボスザルのユイト」になると、めっちゃ探しやすくなるよね。
先生	お見事！　こんな感じになるね。

世界の猿 ➡ アジアの猿 ➡ 日本猿 ➡ 千葉のボスザルのユイト

● トピック別練習①「料理」

先生　もっと練習してみようか。今度は「料理」を具体化していこう。何料理にしようか？

こうき　じゃあ「中華料理」で！

先生　「中華料理」をもっと具体化すると？

とも　「四川料理」っていうと少し範囲が狭くなるかも。

こうき　めっちゃ辛いやつだよね。

先生　そうそう。四川料理といってもいろいろあるよね。

なみ　四川料理っていえばやっぱり麻婆豆腐じゃない？

先生　良い感じだね！　こんなふうに「抽象から具体のハシゴ」を3段降りられると、自由英作文がすごく書きやすくなるんだ。

> 料理
> 　⇒ 中華料理
> 　　⇒ 四川料理
> 　　　⇒ 麻婆豆腐
> ★「抽象から具体」のハシゴを3段降りることが必要！

先生　練習のために「麻婆豆腐」をさらに具体化してみようか。

こうき　麻婆豆腐の具体化？　けっこう無茶振りだなあ。

とも　そんなことないと思うよ。例えば「鈴木飯店の麻婆豆腐」って感じ。先生中華料理作るの得意だって言ってたから。

先生　そうだね。そうやって固有名詞を加えるとさらに具体化できるよ。

> 料理 ⇒ 中華料理 ⇒ 四川料理 ⇒ 麻婆豆腐 ⇒ 鈴木飯店の麻婆豆腐
> ★前の内容に固有名詞を加えて具体化する！

● トピック別練習 ② 「テクノロジー」

先生　じゃあ次は「テクノロジー」でやってみようか。自由英作文で頻出の
　　　トピックだから具体化できるようにしておくと必ず役に立つよ。

なみ　インフォメーションテクノロジーとか？　要はITってことね。

先生　良いね！　次はどうなる？

こうき　スマホとか？

先生　OK！　「スマホ」の次は？

とも　例えば「iPhone」って感じ。

テクノロジー ➡ IT ➡ スマホ ➡ iPhone

先生　これで「抽象から具体のハシゴ」を3段降りられたね。さらに
　　　「iPhone」を具体化すると？

とも　iPhoneっていっても11とか12とか13とかがあるよね。

ゆり　あと64GB、128GB、256GB、512GBとか容量も違うよね。

なみ　色も何種類かあるから、好きな色を指定しないと。

こうき　例えば「64GBの白のiPhone 12」みたいに具体化するってことか。

先生　そうだね。数字を加えて具体化できるのも大事なことだよ。

テクノロジー ➡ IT ➡ スマホ ➡ 64GBの白のiPhone 12
★数字を加えて具体化する！

先生　色や数字の他にも、具体化するものの特徴をよく見て、どんな部分
　　　で差別化できるのかを考えると良いね。

とも　「他との違い」を意識することが大事ってこと。

先生　その通り！　どんどん練習していこう。

● トピック別練習③「外国語」

先生　じゃあ次は「外国語」を具体化してみようか。「外国語」だけだと自分の国の言葉以外の言葉が全部入っちゃうよね。その範囲を少し狭めてあげよう。

こうき　どうやったら狭くできるの?

先生　「猿」のところでやったことを思い出してみようか。

なみ　「世界の猿→アジアの猿→日本猿→千葉のボスザルのユイト」だったよね。「世界の猿」から「アジアの猿」に具体化したのと同じ感じにすれば良いだけじゃない?

とも　「外国語」から「ヨーロッパの言語」みたいにするってこと。

先生　よくできたね。じゃあ「ヨーロッパの言語」をさらに具体化すると?

ゆり　普通に「英語」で良いのかな?

先生　良いね!　じゃあ「英語」をもっと具体化すると?

こうき　英語をもっと具体化することなんてできるの?

なみ　アメリカ英語とかイギリス英語とか、いろいろあるじゃん。

こうき　あ、そういうことか。

世界の言語 ➡ ヨーロッパの言語 ➡ 英語 ➡ イギリス英語

先生　これでまた「抽象から具体のハシゴ」を3段降りることができたね。ここでも頭の体操で「イギリス英語」をもっと具体化してみようか。

こうき　出た、無茶振り!

とも　いや、俺は無茶振りとは思わないな。「麻婆豆腐作戦」を使えば良くない?

こうき　「麻婆豆腐」を「鈴木飯店の麻婆豆腐」にした感じで、「イギリス英語」をもっと具体化すれば良いってことか。

先生　そうだね。具体的な固有名詞を挙げて前の例をさらに具体化する方法があったね。

ゆり　そんな感じで「イギリス英語」を「誰かのイギリス英語」にすれば良

いってこと？　イギリスって聞くとエリザベス女王が浮かんでくるから、「エリザベス女王の英語」で良いのかな？

先生　お見事！

**世界の言語 ➡ ヨーロッパの言語 ➡ 英語 ➡ イギリス英語 ➡
エリザベス女王の英語**

先生　それじゃあ「ヨーロッパの言語」を「アジアの言語」にしたらその後はどうなるかな？

とも　アジアっていってもめちゃくちゃ広いから、もっと狭くしないとね。

ゆり　日本もアジアだから、例えば「アジアの言語」→「日本語」って感じで良いのかな？

先生　大丈夫だよ！　じゃあ「日本語」をもっと狭くすると？

こうき　えっと……。どうするんだっけ？

先生　日本っていっても47都道府県あるし、けっこう広いよね。

こうき　……どういうことですか？

とも　例えば「日本語」から「大阪弁」にすれば、狭くなるってことな。

こうき　なるほど。確かに、めっちゃ具体的になったね。

先生　そうだね。大阪弁の次はどうなる？　わからなかったら、さっき「ヨーロッパの言語」でやったことを思い出してみよう。暗記しておいた例を別のトピックに応用できるようにしておくのが大事だったよね。

ゆり　「世界の言語→ヨーロッパの言語→英語→イギリス英語→エリザベス女王の英語」だったから、「イギリス英語」を「エリザベス女王の英語」にしたみたいに、「大阪弁」をもっと具体化するってことか。

こうき　僕のお母さん大阪出身だから、「お母さんの大阪弁」でも良いの？

先生　良いね！　そんなふうに前の例をさらに具体化できるのはすごく大事なことだよ。

> 世界の言語 ➡ アジアの言語 ➡ 日本語 ➡ 大阪弁 ➡ こうきの母の大阪弁

● トピック別練習④「テレビ番組」

先生　それじゃあ、今までやってきたことを活かしながら、「テレビ番組」を具体化していこう。

ゆり　例えば、「教育番組」とかで良いのかな？　私、小さい頃、教育番組しか見せてもらえなかったんだよね。

先生　大丈夫だよ。「教育番組」をもっと具体化するとどうなるかな？

なみ　うちよく語学番組見るから、それで！

とも　「語学番組」をもっと具体化すると、「英語の番組」になるね。

> テレビ番組 ➡ 教育番組 ➡ 語学番組 ➡ 英語の番組

先生　これで「抽象から具体のハシゴ」を3段降りることができたね。練習のために「英語の番組」をさらに具体化してみようか。

ゆり　さっき「英語」から「イギリス英語」ってなったから、ここでも「英語の番組」から「イギリス英語の番組」にすれば良いってことかな。

先生　そう、「テレビ番組→教育番組→語学番組→英語の番組→イギリス英語の番組」だね。これでかなり具体化できたけど、練習のために「イギリス英語の番組」をさらに具体化してみよう。

こうき　これ以上具体化なんてできるのかな？

先生　英作文の試験で行き詰まって、書けなくなってしまったときのために、頭の体操としてチャレンジしてみよう。「英語」をさらに細かく分けるよ。例えば、よく、「英語の4技能」といわれるよね。

なみ　リーディング、リスニング、ライティング、スピーキングのことだ。

先生　そうだね。

ゆり　　だから「イギリス英語の番組」っていうのをもっと具体化すると、「イギリス英語のリスニングの番組」で良いのかな。

こうき　なるほど、そういうことか！

先生　　お見事！

テレビ番組 ➡ 教育番組 ➡ 語学番組 ➡ 英語の番組 ➡ イギリス英語の番組 ➡ イギリス英語のリスニングの番組

先生　　かなり細かく具体化してきたけど、最初の「テレビ番組」から最後の「イギリス英語のリスニングの番組」まで「テレビ番組」っていうトピックからまったくずれてないよね。

とも　　「猿」に始まって「猿」に終わったのと同じで、「番組」に始まって「番組」に終わってる。

先生　　そうだね。連想ゲームみたいに思いつくままに書いてトピックからずれていってしまったり、何を書いたら良いのかわからなくなってペンが進まなくなってしまったりしたら、この「抽象から具体」の流れを思い出すようにしよう。繰り返しになるけど、今まで学習してきた例を1つ丸暗記して、その流れを体に染み込ませておこう。

こうき　頑張って覚えなくちゃ。

先生　　その心意気だよ。じゃあ次は「本」を具体化してみよう。

● トピック別練習⑤「本」

ゆり　　本かあ。参考書以外の本ってあんまり読まないからなあ。

先生　　それで大丈夫だよ。「本」を「参考書」にすればだいぶ狭まるからね。でも参考書にもいろいろあるから、もっと具体化しよう。

ゆり　　「参考書」を「英語の参考書」にすると範囲が狭くなるよね。

先生　　その通り。でも「英語の参考書」にもいろいろあるから、さらに具体化する必要があるよ。

ゆり　　英語の4技能のどれかを選べば良いのかな？　テレビ番組のときと同じように考えれば良いってことですよね？

先生　　そうだね。書店に入ってから、欲しい本のコーナーに向かうイメージ
　　　　だよ。

なみ　　例えば、「英語の参考書」を「英作文の参考書」にするってことね。

先生　　お見事。これで本の範囲が狭くなったね。

こうき　みんなすごいなあ。

本 ➡ 参考書 ➡ 英語の参考書 ➡ 英作文の参考書

先生　　これでまた「抽象から具体のハシゴ」を3段降りることができたね。
　　　　さらに「英作文の参考書」を具体化すると？　英作文の参考書コーナー
　　　　にも、いろいろな本があるからね。

こうき　えっと……。

なみ　　「麻婆豆腐」を「鈴木飯店の麻婆豆腐」にした感じで良くない？

とも　　「鈴木先生が書いた自由英作文の参考書」って感じね。

先生　　そうだね！　いつか本当に、自由英作文の参考書、書いてみたいなあ。

こうき　この授業が本になったりするかな？

先生　　そんな日が来るかもしれないね！

● トピック別練習⑥「環境問題」

先生　　それじゃあ最後に仕上げで本格的なトピックにチャレンジするよ。
　　　　「環境問題」を具体化しよう。いろいろな試験で見かける大事なトピッ
　　　　クだから、きちんと具体化できるようにしておくと役立つよ。

なみ　　例えば「環境汚染」とか？　「環境問題」を「環境汚染」にするとちょ
　　　　こっと範囲が狭くなると思う。

先生　　良い感じだね！　それじゃあ「環境汚染」をもっと具体化すると？
　　　　「環境汚染」にもいろいろあるからね。

とも　　「大気汚染」とかね。

先生　　そうだね。他にも「土壌汚染」とか「水質汚濁」なんかがあるよね。そ
　　　　れを具体化すると？

こうき　どうすれば良いんだろう。

先生　　どうやって具体化したらわからないときは、暗記した「抽象から具体」の例を思い出してみると良かったね。

こうき　「世界の言語→アジアの言語→日本語→大阪弁」にしたよね。

先生　　そうだったね。じゃあ同じように「大気汚染」を具体化すると？

こうき　アジアの大気汚染にすれば良いってことだ！

先生　　その通り。

環境問題 ➡ 環境汚染 ➡ 大気汚染 ➡ アジアの大気汚染

先生　　じゃあ「アジアの大気汚染」っていうのをもっと具体化すると？

とも　　この前ニュースで、中国の大気汚染のことが取り上げられているのを見たな。「アジア」を「中国」に具体化すれば良さそうだ。

先生　　良い流れだね。これでまた「抽象から具体のハシゴ」を3段降りることができたんだけど、練習で「中国の大気汚染」っていうのをさらに具体化してみようか。

ゆり　　中国っていっても広いからね。

なみ　　例えば「中国の大気汚染」を「その首都北京の大気汚染」にするともっと具体化できる。

とも　　特に「PM 2.5」の被害が深刻だって新聞で読んだよ。

先生　　お見事！　「環境問題→環境汚染→大気汚染→中国の大気汚染→首都北京のPM 2.5」というふうに、「抽象から具体」の流れが3段階で作れると自由英作文が書きやすくなるよ。

なみ　　そこはクリアできたかも！

環境問題 ➡ 環境汚染 ➡ 大気汚染 ➡ 中国の大気汚染 ➡ 首都北京のPM2.5

先生　　頑張ったね！　「抽象から具体」に加えてLesson 2で学習する「因果関係」もマスターすれば、段落をきちんと展開できるようになる。そ

の上でLesson 3以降で学習する表現を身につけると、きちんと評価される自由英作文が書けるようになるよ。

こうき　頑張ります！

先生　それじゃあ、今までやったことを活かして、仕上げのエクササイズにチャレンジしてみよう。

「抽象から具体」への流れを
理解できたかな？
エクササイズで試してみよう！

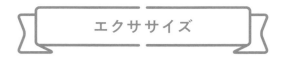

エクササイズ

問 題

下の①〜⑩の見出しの言葉を例のように具体化しなさい。

> 例 題
>
> 食べ物➡アジアの食べ物➡タイの食べ物➡グリーンカレー

①映画 ➡ (　　　　　) ➡ (　　　　　) ➡ (　　　　　)

②科目 ➡ (　　　　　) ➡ (　　　　　) ➡ (　　　　　)

③旅行 ➡ (　　　　　) ➡ (　　　　　) ➡ (　　　　　)

④電子機器 ➡ (　　　　　) ➡ (　　　　　) ➡ (　　　　　)

⑤スポーツ ➡ (　　　　　) ➡ (　　　　　) ➡ (　　　　　)

⑥目標 ➡ (　　　　　) ➡ (　　　　　) ➡ (　　　　　)

⑦環境問題 ➡ (　　　　　) ➡ (　　　　　) ➡ (　　　　　)

⑧マスコミ ➡ (　　　　　) ➡ (　　　　　) ➡ (　　　　　)

⑨成功 ➡ (　　　　　) ➡ (　　　　　) ➡ (　　　　　)

⑩政治家 ➡ (　　　　　) ➡ (　　　　　) ➡ (　　　　　)

解答例

①映画 ➡ 日本の映画 ➡ 日本のアニメ映画 ➡ 細田守監督のアニメ映画

②科目 ➡ 文系の科目 ➡ 英語 ➡ 英語のリスニング

③旅行 ➡ 海外旅行 ➡ イギリス観光 ➡ ロンドン観光

④電子機器 ➡ パソコン ➡ ノートパソコン ➡ MacBook

⑤スポーツ ➡ 球技 ➡ チーム球技 ➡ サッカー

⑥目標 ➡ 勉強の目標 ➡ 英語の目標 ➡ 英検準1級合格

⑦環境問題 ➡ 環境汚染 ➡ 水質汚濁 ➡ マレーシアのスランゴール川の水質汚濁

⑧マスコミ ➡ 新聞 ➡ 日本の新聞 ➡ 日経新聞

⑨成功 ➡ 勉強での成功 ➡ 受験での成功 ➡ 東大合格

⑩政治家 ➡ イギリスの政治家 ➡ イギリスの歴代首相 ➡ チャーチル

先生　「猿に始まって猿に終わる」のと同じで、見出しの内容から絶対にずれないようにしていくのが大切だよ。

とも　コツは完璧につかめたと思う。

ゆり　私も何となくわかってきたかも。

先生　何度も復習してスムーズに自由英作文が書けるようになるためのベースを作っておこうね。

なみ　はい！

先生　これでLesson 1はおしまいだよ。次のLesson 2では「因果関係」について学ぶからね。

こうき　因果関係か。なんか難しそうだけど、ちょっと楽しみかも。

先生　一緒に頑張っていこうね！

主張→理由の
「因果関係」を明確に

「外国語は大事」で終わらせない！

主張→理由の「因果関係」を明確に

「外国語は大事」で終わらせない！

┤ **Lesson 2のポイント** ├

Lesson 2では2つのことを学習していきます。1つ目は「因果関係」です。何か自分の主張を書いた場合には、きちんと理由を添えることが大切です。例えば「外国語を勉強するのは大切だ。」というトピックについて賛成の立場で自由英作文を書く場合、「外国語を勉強することで、いろいろな人とコミュニケーションが取れるようになる。」といった明確な理由を加える必要があるのです。2つ目は「具体化」です。因果関係が含まれている文を具体化していく作業です。「英語を勉強すると、いろいろなネイティブやノンネイティブと話ができる。」というように、Lesson 1で学習した「抽象から具体」の流れを活かして具体例を添えると、自分の主張に説得力が生まれます。その2つができるようになれば、Lesson 3以降で学習する「important」「possible」「positive」の「IPP」系の表現を使って、スムーズに自由英作文が書けるようになります。一緒に頑張りましょう。それではLesson 2のスタートです！

◎ 理由を加えて具体化する

先生　それじゃあLesson 2の授業を始めよう。「外国語を勉強するのは大切だ。」っていうトピックで自由英作文を書くとしたら、どんなふうに段落を作ると良いかな？

こうき　どうしたら良いんだろう？

先生　みんな鈴木塾で勉強してるんだから、「外国語を勉強するのは大切だ。」っていう意見には賛成だよね。

なみ	もちろんです。じゃなかったらここにいないし。
先生	そうだろうね。じゃあどうして外国語を勉強するのは大切なのかな？
ゆり	外国語を勉強すると視野が広がるから？
こうき	めっちゃ良い理由だね！　さすがゆりちゃん！
先生	それも悪くはないんだけど、ちょっと抽象的すぎるかもしれない。
こうき	そうなんですか？　良い理由だって思ったんだけどな。
先生	そこからきちんと具体化して段落を展開していければ良いんだけど、「視野が広がる」のような抽象的すぎる理由を挙げてしまうと、問題が２つ起こってしまう可能性があるんだ。
とも	２つも？
先生	そうなんだ。１つ目が、「自然な英語にしにくい」ってこと。「broaden one's horizons」のような表現を知ってる人なら「視野が広がる」っていう日本語をスムーズに英訳できるかもしれない。でもそうじゃない人は「視野」をどうやって英語にしたら良いのかわからなかったり、直訳しすぎてまったく通じない不自然な英語になったりすることが多いんだよ。
ゆり	確かに「視野を広げる」を英語にするのは難しいかも。
とも	他にはどんな問題があるんですか？
先生	「具体化しにくい」っていう問題がある。「外国語を学習すると視野が広がる」っていう内容に具体例をどんどん足していくのってけっこう難しいんじゃないかな。
ゆり	確かに。「外国語」っていうのはLesson 1のやり方で具体化できそうだけど、「視野が広がる」を具体化するのは難しいよね。
先生	そうだね。考えた理由が抽象的すぎると、「抽象から具体のハシゴ」をちゃんと降りて具体化することができなくなって、英作文が書けなくなったり、書けたとしても支離滅裂なものになったりすることが多いんだ。１文目にどんな理由を書くかが、その後の流れを左右するから、とっても大事だよ。

〈「視野が広がる」（抽象表現）の問題点〉
・抽象的すぎる理由を挙げると英語にしにくい。
・理由が抽象的すぎると具体化しにくい。

● 「シンプルな理由」を選ぶ

先生　抽象的すぎる理由を避けるためには、**小さい子どもになったつもりで理由を考える**ようにすると良いよ。

こうき　どういうことですか？

先生　例えば小学校の低学年のクラスで、外国語を勉強するのがなぜ大事なのかを聞いたとする。そうしたら、「視野が広がるから」みたいな抽象的な理由を挙げる子って少ないと思うんだ。

とも　そんな子がいたらけっこうびっくりするかも。

先生　そうだね。小学生に「なんで外国語を勉強するの？」って聞いたらどんな答えが返ってきそうかな？

なみ　「外国の人と話ができるから。」とかで良いのかな。

先生　うんうん。そんなふうにシンプルな理由を考えて、英語にしやすいもの、具体例をつけやすいものを選ぶようにすると良いよ。アイデアは子どもが言いそうなもので良いんだ。それを大人の英語で書ければ、ちゃんとした自由英作文になるから。

こうき　子どもみたいに考えるのは得意分野です！

先生　大事なことだよ。それじゃあ、こうき君が言ってくれた「外国語が話せると、外国の人と話ができる。」っていうのをどんどん具体化していってみようか。

なみ　「外国語が話せる」と、「外国の人と話ができる」をそれぞれ具体化していかないといけないよね。

先生　そうだね。その2つをそれぞれ具体化するとどうなるかな？

ゆり　「中国語が話せると、中国人と話ができる。」って感じかな？

先生　うまく具体化できてるよ。

とも　確かに。中国だけでも人口10億超えてるしね。中国語ペラペラだっ

たら多くの人と話ができそうだね。

こうき　とも君は物知りだなあ。

とも　常識だと思うけどね。

先生　じゃあ、「中国語が話せると、中国人と話ができる。」の後にはどんな文を書いたら良いかな？

こうき　ネタ切れだなあ。

なみ　Lesson 1でやった「麻婆豆腐作戦」が使えるよ。

とも　「鈴木飯店の麻婆豆腐」みたいな感じで続けるってことな。

こうき　あ、そういうことか。「中国語ができる鈴木さんが留学先の北京大学で先生やクラスメートとコミュニケーションできる。」みたいな話にすれば良いってこと？

先生　そうだね。ちなみに私はタイ語はけっこうできるけど、中国語は少ししかできないから、「中国語が流暢な兄」にしておこうか。

---

①外国語を勉強するのは大切だ。　主張

②外国語が話せると、外国の人と話ができる。　①の理由

③中国語が話せると、中国人と話ができる。　②の具体化

④中国語の流暢な兄が留学先の北京大学で先生やクラスメートとコミュニケーションできる。　③の具体化

先生　繰り返しになるけど、こんなふうに「抽象から具体のハシゴ」を3段降りて具体化できるようになると、Lesson 3から学習する英語の表現を身につけることで、自由英作文が書けるようになるからね。

ゆり　頑張ってマスターしなくちゃ。

先生　一緒に頑張ろうね！　それじゃあ、次のトピックでも練習しよう。

●頻出トピックの情報収拾が命

先生　次は環境系のトピックを使って練習していこう。「人間の活動によって地球はより良い場所となった」っていう意見には賛成かな？　頻出分野だからしっかり書けるようにしておこうね。

こうき　　僕は人間の活動によって地球が良い場所になったとは思わないな。

先生　　　どうして？

こうき　　だって人間の行動って他の動物にめっちゃ迷惑かけてるから。

先生　　　おお、具体化しやすい、良い答えだね。

---

①**人間の活動によって地球がより良い場所になったという意見には反対だ。** 主張

②**人間の行動で他の動物に迷惑をかけているから。** ①の理由

先生　　　さあ、ここから具体化していこう。②の後にはどんな内容の文が来るかな？

ゆり　　　「人間の行動」っていうのを具体化しないと。

なみ　　　あと「他の動物」も広すぎるから、もっと具体化しないとね。

先生　　　その通り。人間のどんな行動がどんな動物に悪影響を与えているのかな？

とも　　　例えば「森林伐採で、森林にすむ動物が苦しんでいる」って感じ。

先生　　　すごく良い答えだね。地上の動植物の８割が森林に生息しているっていわれているんだ。だから森林が破壊されてしまうと、たくさんの動物が苦しむことになるよね。

こうき　　先生物知りだなあ。

先生　　　日頃からいろいろなことに注目して情報を頭に入れておくようにすると、自由英作文を書きやすくなるよ。じゃあ、「人間の森林伐採によって、そこにすむ多くの動物が苦しんでいる」をさらに具体化するとどうなるかな？

なみ　　　「森林伐採」と「多くの動物」っていうのを具体化しないとね。

とも　　　そういえば、この間テレビで、「マレーシアでの森林伐採」で「オランウータンが絶滅の危機」ってやってたな。

先生　　　そうだね。**環境問題は英作文のテーマとして取り上げられることが多いから、ちゃんとインプットして、活用できるようにしておくのはすごく大切**なことだね。

①人間の活動によって地球がより良い場所になったという意見には反対だ。 主張

②人間の行動で他の動物に迷惑をかけているから。 ①の理由

③人間の森林伐採によって、そこにすむ多くの動物が苦しんでいる。 ②の具体化

④……

⑤マレーシアでの森林伐採でオランウータンが絶滅の危機にある。 ④の具体化

先生　最後の「マレーシアでの森林伐採でオランウータンが絶滅の危機」を「具体化」するんじゃなくて「抽象化」するとどうなるかな？　④に入る内容を考えるよ。

こうき　え、「具体化」じゃなくて「抽象化」？？？

先生　一言だけ書いてペンが進まなくなってしまったときに、「その前にもっと抽象的な内容を書けるかもしれない」って考えるようにすると、ネタ切れにならなくなるよ。

ゆり　どういうことですか？

先生　例えば「麻婆豆腐が好き」って書いてしまったら、その前に「中華料理が好き」って書いてあげるようにするってことだよ。

中華料理が好き。（抽象）
特に麻婆豆腐が好き。（具体）

なみ　あ、こんなふうに書くと確かに内容が膨らんでいくね。

先生　そうだね。同じ要領で、「マレーシアでの森林伐採」と「オランウータンが絶滅の危機」っていうのを少し抽象化するとどうなるかな？

とも　「マレーシア」っていうのは、「東南アジアの国」。

なみ　「オランウータン」っていうのは「類人猿」だよね。

先生　　　そうだね。「オランウータン」はマレー語で「森の人」っていう意味なんだ。人間にそっくりだから、「類人猿」って呼ばれてるんだね。

こうき　　そうだったのか。みんなすごいな。

先生　　　よく勉強してるよね。そうすると「マレーシアでの森林伐採でオランウータンが絶滅の危機」の前に、「東南アジアでの森林伐採で類人猿が絶滅の危機」を足せるね。

①人間のせいで地球がより良い場所になったという意見には反対だ。　主張

②人間の行動で他の動物に迷惑をかけているから。　①の理由

③人間の森林伐採によって、そこにすむ多くの動物が苦しんでいる。　②の具体化

④東南アジアでの森林伐採で類人猿が絶滅の危機にある。　③の具体化

⑤マレーシアでの森林伐採でオランウータンが絶滅の危機にある。　④の具体化

先生　　　それじゃあ、Lesson 3に入る前に、「抽象から具体」の流れをスムーズに作れるかどうかを、次のエクササイズで確認しよう！

こうき　　ちゃんとできるかなあ。

とも　　　俺は自信しかないよ。

エクササイズ

問題

以下のトピックに対して、賛成・反対の理由をそれぞれ考え、その理由を具体化して5文程度で答えなさい。

テクノロジーは学生に悪影響を与える。

①テクノロジーは学生に悪影響を与えるという意見に賛成だ。

②インフォメーションテクノロジー（IT）が学生の勉強に悪影響を与えるから。

③スマホが高校生の勉強に悪影響を与える。

④スマホのアプリが日本の高校３年生の大学受験勉強に悪影響を与える。

⑤スマホのマジカルアドベンチャーというゲームのアプリが私の兄の志望校早稲田大学の入試のための勉強に悪影響を与えた。

POINT

①問い（賛成か反対か）に答える。

②理由を端的に述べる。「テクノロジー」を「インフォメーションテクノロジー（IT）」に少し具体化。「学生に悪影響」を「学生の勉強に悪影響」に具体化。

③「IT」を「スマホ」に具体化し、「学生」を「高校生」に具体化。

④「スマホ」を「スマホのアプリ」に具体化し、「高校生」を「日本の高校３年生」に具体化。さらに「勉強に悪影響」を「大学受験勉強に悪影響」に具体化。

⑤「スマホのアプリ」を「スマホのマジカルアドベンチャーというゲームのアプリ」に具体化し、「日本の高校３年生」を「私の兄」に具体化。さらに「大学受験勉強に悪影響」を「早稲田大学の入試のための勉強に悪影響」に具体化。

①テクノロジーは学生に悪影響を与えるという意見に反対だ。

②ITが学生の勉強に良い影響を与えるから。

③スマホが高校生の勉強に良い影響を与える。

④スマホのアプリが高校生の英語の勉強に良い影響を与える。

⑤BBCのリスニングのアプリが、私の英語の聞き取りに良い影響を与える。

POINT

①問い（賛成か反対か）に答える。

②理由を端的に述べる。「テクノロジー」を「IT」に具体化し、「学生に良い影響」を「学生の勉強に良い影響」に具体化。

③「IT」を「スマホ」に具体化し、「学生に良い影響」を「高校生の勉強に良い影響」に具体化。

④「スマホ」を「スマホのアプリ」に具体化し、「高校生の勉強に良い影響」を「高校生の英語の勉強に良い影響」に具体化。

⑤「スマホのアプリ」を「BBCのリスニングのアプリ」に具体化、「高校生の英語の勉強に良い影響」を「私の英語の聞き取りに良い影響」に具体化。

先生　　ちゃんとできたかな？

なみ　　バッチリです！

こうき　何とかなった気がするかも。

先生　　いよいよ次のLesson 3からは、これまで学習してきたものを英語で表現するための方法を具体的に勉強していくよ。

ゆり　　めっちゃ楽しみ！

ポジティブな意見を展開する

3タイプの表現「IPP」

ポジティブな意見を
展開する

３タイプの表現「IPP」

┤ **Lesson 3のポイント** ├

Lesson 3は、自由英作文で必ず使うことになる「important」「possible」
「positive」の「IPP」について学んでいきます。Lesson 2までの学習をマスター
して「抽象から具体」と「因果関係」の流れを作れるようになってさえいれば、
Lesson 3以降で学習する英語の表現を活用することでスムーズに自由英作文
が書けるようになっていきます。本格的な長めの自由英作文を書くために必須
の「IPP」の表現を、4人の生徒たちと一緒に学んでいきましょう！

◎ 「important」系の表現

先生　Lesson 1とLesson 2で学習してきた「抽象から具体」と「因果関係」
　　　の展開を活かして作った構成を、実際に英語で表現していこう。

こうき　僕でもできるのかな。不安だな。

先生　**大丈夫だよ！　段落の構成さえ考えられれば、「IPP」の表現を使い
こなすことで自由英作文が圧倒的に書きやすくなる**から。

とも　楽しみです！

先生　それじゃあ、「外国語を勉強するのは大切だ。」っていうトピックに対
　　　する答えを考えてから、英語にしていこう。

例題

以下のトピックに対して、自分の考えを英語で書きなさい。

トピック：外国語を勉強するのは大切だ。

先生　まずLesson 1と2で学んだことを振り返ってみよう。この授業を取ってるくらいだから、「外国語を勉強するのは大切だ。」っていう意見にはみんな賛成だと思うんだけど、どんな理由で賛成なのかな？

こうき　抽象的すぎる理由にしないのがポイントだったよね。

先生　そうだね。例えばどんな理由を挙げたら良いかな？

なみ　「外国語が話せると、もっといろいろな人と話せる。」って感じで良いと思います。

先生　そうだね。その後にはどんな文がくるかな？

ゆり　「外国語」を具体化して、「アジアの言葉」にする。

先生　そうだね。

とも　あと「いろいろな人」っていうのを「アジアの言葉を話す人」にする。

先生　「アジアの言葉が話せると、そのアジアの言葉を話す人と会話できる。」だね。この後に続くのはどんな文かな？

こうき　「アジアの言葉」を具体化して「日本語」にするとか？

先生　確かに日本語はアジアの言葉の1つだけど、日本人にとっては外国語じゃないから、少しトピックからずれちゃったかな。

こうき　あ、そっか。

なみ　「猿に始まって猿に終わる」ってLesson 1でやったじゃない？

とも　だから「外国語に始まったら外国語に終わる」ってこと。

ゆり　ここだと例えば「中国語」にした方が良いよね。

こうき　なるほどね。勢いで思いついたのを書かないようにしないと。

先生　その通り。「お猿の次はバナナじゃない」っていうのを忘れずにね。

なみ　あと「アジアの言葉を話す人」を「中国人」に具体化してあげないとね。だから、「中国語が話せると、中国人とコミュニケーションができる。」だね。

先生　　その通り。もし300語で書かなくちゃいけないような自由英作文で、この後にさらに内容を足すことが必要な場合には、どんな文が書けるかな？

こうき　あ、あれだ！　麻婆豆腐（マーボー）作戦！

先生　　もっと具体的に言えるかな？

こうき　「麻婆豆腐」を「鈴木飯店の麻婆豆腐」にしたやつ！

先生　　それをここでどんなふうに使うのかな？

こうき　「中国語が話せて、留学先の北京大学で多くの先生や学生とコミュニケーションできてるお兄さん」を登場させるのはどうですか？

先生　　すごく良い例だね。

①外国語を勉強するのは大切だ。　主張

②外国語が話せると、もっといろいろな人と話せる。　①の理由

③アジアの言葉が話せると、そのアジアの言葉を話す人と会話ができる。　②の具体化

④中国語が話せると、中国人とコミュニケーションが取れる。　③の具体化

⑤中国語が流暢（りゅうちょう）な兄が、北京大学で先生やクラスメートと交流してきた。　④の具体化

先生　　こんな感じで段落の構成ができると、「important」「possible」「positive」の「IPP」系の表現を身につけることで、内容をスムーズに英語で表現できるよ。まず、「IPP」の「I」、つまり「important」系の表現を使って、①の「外国語を勉強するのは大切だ。」っていう文を英語にしてみよう。「important」系の表現は、英作文で必ず使うものだから、きちんと書けるようにしておこう。

ゆり　　あ、これはめっちゃ簡単だ。私でも英語で書けると思う。Learning a foreign language is important. で合ってますよね？

先生　　大丈夫だよ！

外国語を勉強するのは大切だ。

☐ **Learning a foreign language is important.**

先生	それじゃあ「important」を使わずに「外国語を勉強するのは大切だ。」って言えるかな？
なみ	「important」と似た意味の形容詞を使えば良いってことですか？
先生	そうだね。「重要だ」みたいな使用頻度の高い言葉は、最低3通りで書けるようにしておこう。
とも	「essential」とか？　「必要不可欠」ってことは、「めっちゃ大事」って意味だから。
先生	そうだね。「essential」は「extremely important」っていう意味なんだ。**「very」に頼りすぎずに1語で表現できるのは大事**なことだよ。「重要」って意味の形容詞には他にどんなものがあるかな？
ゆり	「vital」とかどうかな？
先生	おお、めちゃくちゃ良いね！　「命に関わるくらい大事」っていう意味だね。他にあるかな？
なみ	英検のライティングの模範解答で「crucial」っていうのが使われてたな。それを入れても良いかも。
先生	お見事！　「必須」っていう意味の形容詞だね。
こうき	みんなすごいなあ。
なみ	やったことをちゃんと覚えてるだけだから。
こうき	それがすごいんだけどね。
先生	他にも「indispensable」っていう形容詞もあるから覚えておこう。

POINT

☑「とても重要」を表す形容詞

very important ≒ essential, vital, crucial, indispensable

先生	この形容詞を使って「外国語を勉強するのは大切だ。」を英語にするとどうなる？

なみ	Learning a foreign language is crucial. とか？
先生	良いね！
ゆり	Learning a foreign language is essential. とかかな。
先生	スムーズに言えたね！

● お手本表現をマネしよう①：形容詞を使わない

先生	この「important」とか「essential」っていうのは形容詞だよね？
こうき	そうですけど？
先生	じゃあこの「外国語を勉強するのは大切だ。」を、**形容詞を使わずに英語で言えるかな？**
こうき	出た！　先生得意の無茶振り！
ゆり	私はそんなに無茶振りじゃないと思うけど。
こうき	え、そうなの？
ゆり	こないだの文法の授業でやったやつが使えると思ったから。
こうき	ここで使えるようなやつ、あったっけ？
ゆり	**「of＋抽象名詞で形容詞の働き」ってやつね。**
先生	具体的にどうやって使うのかな？
ゆり	「important」の名詞は「importance」だから「of importance」にするってことです。
先生	文法で学習したことを英作文でもどんどん活かしていくのは大切なことだね。今のを使って「外国語を勉強するのは大切だ。」を英語にすると？
なみ	Learning a foreign language is of importance. になる。
先生	バッチリだよ！
先生	「important」を「of importance」にするメリットって何かな？
こうき	何となくカッコいいから？
先生	カッコいいから真似してみるっていうのは確かに大事なことではあるんだけど、実は他にもっと大事なメリットがあるんだ。
こうき	そうなんですか？
先生	名詞にすると、さらに形容詞を足すことでいろいろなニュアンスを加

えてあげられるんだよ。

ゆり　どういうことですか？

とも　何かわかった気がするぞ。

なみ　ああ、あれか。

とも　例えば「とても大事」って言いたいときに、「of importance」を「of great importance」にできるってことね。

先生　お見事。他にも「ある程度大事」なら「of some importance」、「ほとんど大事じゃない」なら「of little importance」、「まったく大事じゃない」なら「of no importance」っていえるんだ。これを使って「外国語を勉強するのはとても大切。」を英語にするとどうなる？

こうき　Learning a foreign language is of great importance. になるってことか。何かカッコいい英語になった気がするぞ。

先生　良い感じだね！　さっき学習した「crucial」や「vital」を使って「crucial importance」や「vital importance」にすることもできるよ。

外国語を勉強するのは大切だ。

□ **Learning a foreign language is** {
important.
essential.
of importance.
of great importance.
}

● お手本表現をマネしよう②：be動詞を減らす

先生　これで「important」系の英語表現のバリエーションがだいぶ増えてきたね。実際に英作文で使うときは、ただ大事だって書くだけじゃなくて、その後に「どのように大事なのか」っていうことを示す内容が続くんだ。それは後に取っておこう。

なみ　楽しみ！

先生　その前にあともう少しだけ「important」系の表現を練習してみよう

	か。もっと自由英作文が書きやすくなるからね。
こうき	まだあるんですか？
ゆり	何かちょっと楽しみだな。
先生	次のお題は、「外国語を勉強するのは大切だ。」を**「be動詞」を使わずに表現する**ことだよ。
こうき	僕は完全にお手上げだ。
とも	ちょっと難問かも。
ゆり	あ！　こないだリーディングのテキストに載ってたやつが使えるんじゃないかな。
こうき	何のことだろう？
なみ	あの「play」を使うやつ？
先生	よく覚えてたね。
とも	「play an important role」のことですよね。
なみ	「大事な役割を果たす」っていう意味になる表現ね。
先生	その通り。それを使って「外国語を勉強するのは大切だ。」を英語にするとどうなるかな？
こうき	僕でもできそう。
先生	じゃあ言ってみて。
こうき	Learning foreign language play an important role.ってことでしょ？　簡単だね。
なみ	ええっと、間違いが2つあると思う。
こうき	え、マジで？
なみ	「Learning a foreign language」ね。
こうき	あ、そっか。
ゆり	あと「play」じゃなくて「plays」ね。動名詞が主語になってるときは、三単現の「s」を忘れないようにしないと。
こうき	英語って大変だよね。日本語だったら単数形とか三人称とかそういうの気にしなくて良いのに。
先生	内容や表現に夢中になっちゃうと、文法がおろそかになりやすいんだよね。**三単現の「s」を忘れがちな人は、助動詞をつけて書くようにすると文法的なミスが減る**よ。

とも	例えば「can play an important role」にするってことですか？
先生	そうだね。「can V」で「Vできる」とか「Vしうる」っていう意味になるね。これを使うと三単現の「s」のつけ忘れが防げるよ。
こうき	Learning a foreign language can play an important role. ですね。
先生	その通り！　さて、これまでの表現をまとめておこう。

外国語を勉強するのは大切だ。

☐ **Learning a foreign language**

- is important in ~.
- is essential in ~.
- is of importance in ~.
- is of great importance in ~.
- plays an important role in ~.
- can play an important role in ~.

先生	「play an important role」のような表現は、後ろに「in ~」をつけて「play an important role in ~」と書くのが普通なんだ。
とも	「~において大事な役割を果たしている」っていう意味ですね。
先生	そうだね。
なみ	例えばSpeaking a foreign language plays an important role in international communication. みたいに使えるってことかな。
こうき	これ全部覚えるのってめっちゃ大変そう。
先生	心配しないで。次のLesson 4のテンプレート作りで、たくさんある表現の中から自分で好きなものを選べるようにしていくから。
こうき	全部覚えてなくても良いってことですか？
先生	全部覚えるに越したことはないけど、まずは覚えられるものからで大丈夫だよ。
とも	俺は全部完璧に暗記できたから、もっと他に「大事」っていう内容の表現を知りたいな。
こうき	ええええ、まだ他にあるの？

先生　　じゃああと２つ紹介しておこうか。次の文を読んでみよう。

☐ A foreign language serves as an important tool in international communication.

☐ The importance of a foreign language in international communication cannot be overestimated.

先生　　どんな意味かな？

とも　　１つ目は「外国語は国際コミュニケーションのための大事な道具としての役割を果たしている。」って感じかな。

先生　　そうだね。

こうき　何か２つ目難しいね。

なみ　　「国際コミュニケーションにおける外国語の重要性はどんなに評価してもしすぎることはない。」ってこと。

とも　　要は「外国語は国際コミュニケーションにおいてとても大事な役割を果たしている。」ってことな。

こうき　なるほど。

先生　　２人ともよくできたね。「**A serve as an important tool in B.**」で「ＡはＢにおいて重要だ。」っていう意味のフレーズとして、「**The importance of A in B cannot be overestimated.**」で「ＡはＢにおいてとても重要だ。」っていう意味のフレーズとして覚えておくと便利だよ。「**A serve as an important means of B.**」も一緒に覚えておくとさらに表現の幅が広がるね。

ゆり　　「a means of ～」で「～の手段」っていう意味ですよね。

先生　　その通り。

□ A foreign language plays an important role in international communication.

□ A foreign language serves as an important tool in international communication.

□ A foreign language serves as an important means of international communication.

□ The importance of a foreign language in international communication cannot be overestimated.

こうき　「大事」っていう表現だけでもたくさんあるね。こんなに覚えられないかもなあ。

先生　　さっきも言ったけど、全部覚えなくても、いろいろある表現の中から選んでオリジナルテンプレートを作る時間を後で設けるから大丈夫だよ。「important」をさっき学習した「essential」みたいな形容詞に変えていくと、いろいろな文が作れるからね。

こうき　僕でもできるのかな。

先生　　大丈夫だよ。Lesson 1でやった「抽象から具体」とLesson 2でやった「因果関係」さえしっかりできれば、段落を作れるようになるからね。

こうき　期待してます！

まずは「important」系の
表現を理解できたかな？
使える表現をもっと増やしていくよ！

◎ 「possible」系の表現

先生 　それじゃあ「IPP」の２つ目、「possible」系の表現を学習していくよ。今書いている内容を確認しておこう。

①**外国語を勉強するのは大切だ。** 主張

②**外国語が話せると、もっといろいろな人と話せる。** ①の理由

③**アジアの言葉が話せると、そのアジアの言葉を話す人と会話ができる。** ②の具体化

④**中国語が話せると、中国人とコミュニケーションが取れる。** ③の具体化

⑤**中国語が流暢な兄が、北京大学で先生やクラスメートと交流してきた。** ④の具体化

先生 　さっきは「外国語を勉強するのは大切だ。」のいろいろな表現を学んだね。じゃあ、「外国語が話せると、もっといろいろな人と話せる。」を英語にするとどうなるかな？

こうき 　あ、それなら余裕。文法に気をつけながら書くと、If I can speak foreign language, I can talk with more people.って感じだよね。

とも 　「a」が落ちてるよ。「foreign language」じゃなくて「a foreign language」な。

こうき 　あ、そっか。冠詞ってけっこう強敵だよね。

先生 　そうだね。単数複数をしっかり意識して書かないといけないよ。冠詞については後のレッスンで詳しく見ていくからね。

● 単調な英文からの卒業

先生 　さて、If I can speak a foreign language, I can talk with more people.という英文に、文法のミスはないよね。

なみ 　うーん、確かにミスはないけど、何か微妙かも。

こうき 　え、何で？　ダメ出しするところあるの？

なみ　何か子どもっぽい気がするな。基本の表現だけって感じで、少し単調なのかな。

こうき　ええぇ、そうなの？

先生　そうだね。文法的に正しい英語、通じる英語で書けているのはもちろん大事なことだけど、高校でちゃんと英語を勉強してきたことが採点者に伝わる英文にしていきたいね。

こうき　でもどうやったら良いのか全然わかんないです。

先生　その方法をこれから勉強していくよ。

●「S can V」の使いすぎに注意！

先生　高校1年生と2年生の100人に「英語が話せるといろいろな人と話せる。」っていう日本語を英語にしてもらうと、ほとんどの人がIf I can speak English, I can talk with many people.って書くんだよ。

こうき　僕は高校1年生と変わらないってことか。

先生　こうき君に限らずに、そんなふうに英語にする人が多いんだ。

ゆり　この英語のどこが問題なんですか？

先生　この英語に問題があるっていうよりは、「If S can V, S can V.」みたいな文しか書けないのが問題なんだよ。

なみ　主語も「I」ばっかり。**一般論を「I」を主語にして書いたらダメ**だよね。

先生　そうだね。「I」で始めちゃうと、文法的に正しい文になったとしても、子どもじみた文の連発になって、試験できちんと点数の取れる英作文にならないことも多いんだ。大学入試なんだから、しっかり高校で英語を勉強してきたことをアピールできる英文にしたいよね。

とも　あと「can」の連発も気になる。

先生　そうだね。「できる」を「can」に頼らずに書けるようにしよう。ここでは「IPP」の「important」系の表現に続いて、1つ目の「P」の「possible」系の表現を重点的に学んでいくよ。早速、さっきのIf I can speak English, I can talk with many people. を書き換えてみよう。**「If SV」を連発しがちな人の場合、まず文を「If」で書き始めないことが自分の英語を変える第一歩になる**よ。

こうき　「If」を使わずにどうやって書くんですか？

先生　「If SV」の「V」を「V-ing」にして主語にする方法があるよ。

なみ　「If I can speak English」だったら、「Speaking English」で始めれば良いってことですね。

☑ 「**If SV**」の「**V**」を動名詞にして主語にする。

「If I can speak English」
    S   V   O

➡ 「**Speaking English**」を主語にする。

先生　あと、「I can speak English」みたいな「SVO」の文なら、「SV」を削って「O」の部分を直接主語にする方法もある。

ゆり　「English」だけ残して主語にするってことですね。

☑ 「**If SVO**」なら「**O**」だけ残して主語にする。

「If I can speak English」 ➡ 「**English**」だけ残して主語にする。

先生　さらに「If S can V」というのを「The ability to V」という名詞のカタマリにして主語にする方法もあるよ。直訳は「Vする能力」になるんだけど、**「Vできること」という意味の名詞のカタマリになる**と理解しておくと使いやすくなるよ。

なみ　「If I can speak English」を、「The ability to speak English」にしちゃうってことですね。

☑ 「**If S can V**」なら「**The ability to V**」という名詞のカタマリを主語にする。

「If I can speak English」

➡ 「**The ability to speak English**」を主語にする。

先生　　ちなみに「The inability to speak English」なら「英語が話せないこと」っていう意味の名詞のカタマリになる。あわせて覚えておこう。

〈「If I can speak English」のように「If SV」で始まる文を連発しないようにする方法〉
(a) V を動名詞にして文の主語にする。
(b) O だけ残して文の主語にする。
(c) 「できる」という意味の「can」を含む文なら「The ability to V」で「V できること」という名詞のカタマリを作り、文の主語にする。（「cannot V」を含む文なら、「The inability to V」で「V できないこと」）

先生　　これを活かすと If I can speak a foreign language, I can talk with more people. という文の前半を書き換えることができるね。

なみ　　(a) の方法を使うと、「Speaking a foreign language」になる。

先生　　そうだね。じゃあ (b) の方法を使うとどうなる？

ゆり　　SVO の O だけ取り出して文の主語にするだけで良いんだから、「A foreign language」になる。

先生　　よくできたね。じゃあ (c) の方法を使うと？

とも　　「The ability to V」で「V できること」っていう名詞のカタマリを作れば良いんだから、「The ability to speak a foreign language」だな。

先生　　お見事！

「外国語が話せると、もっといろいろな人と話せる。」の前半
単調表現：If I can speak a foreign language,
書き換え：(a) Speaking a foreign language
　　　　　(b) A foreign language
　　　　　(c) The ability to speak a foreign language

先生	それじゃあ、この(a)を文の主語にして、「I can talk with more people.(もっといろいろな人と話せる)」をつなげていってみよう。「Vできる」っていう内容は、英作文では何回も使うことになる超頻出表現だよね。だから「S can V」以外の表現を使って英語で言えるようになろう。
ゆり	確かに私の英作文も「can」ばっかりかも。
先生	「外国語が話せると、もっといろいろな人と話せる。」を、例えば(a)の「Speaking a foreign language(外国語を話すこと)」を主語にして書くと、続きはどうなるかな?
こうき	全然わかりません。
先生	「外国語を話すことがもっといろいろな人と話すのを可能にしてくれる」と考えると英語にしやすくなるよ。
ゆり	あ、わかった! **「make OC」を使えば良い**と思う。
先生	どういうことか説明してみて。
ゆり	他の文法のクラスで「make it possible for~ to V」で「~がVするのを可能にする」って習ったから、それを使えば良いのかなって。
先生	その通りだね。

表現CHECK

☑ **S make it possible for~ to V.**
Sは~がVすることを可能にする。 ➡ **Sのおかげで~はVできる。**

先生	「speaking a foreign language」を主語にして、「外国語が話せると、もっといろいろな人と話せる。」を英語にするとどうなる?
こうき	どうすれば良いのかな?
先生	It is possible for you to talk with more people. みたいな文はけっこう簡単な文だと思うんだ。
こうき	それなら僕でも書けます。
先生	そういうSVCの文の「is」みたいなbe動詞を取ると、makeの後ろのOCとして使えるってことだよ。

> It is possible for you to talk with more people.（SVCの文）
> ⬇ be動詞を取る
> it possible for you to talk with more people（OCとして makeの後に置ける）

こうき　あ、簡単そう。Speaking a foreign language make it possible for you to talk with more people.って感じだよね。完璧！

なみ　　こうき君……。

こうき　え、また間違えた？

とも　　いつものやつだよ。

こうき　あ！

先生　　自分で気づけたかな？　やっぱり表現に意識が集中すると、文法がどうしても雑になっちゃうよね。

こうき　「Speaking」が主語だから、「make」に三単現のsをつけて、「makes」にしなくちゃいけないってことですよね？

先生　　その通り。

こうき　Speaking a foreign language makes it possible for you to talk with more people.だね。

先生　　こんなふうに「can」を使わずに「Vできる」を表現できるようになると良いね。

なみ　　「IPP」の真ん中の「P」、つまり「possible」を使うってことですね。

先生　　そうだね。さらに「Vできる」を「make it possible for~ to V」以外の表現を使って書けるようにしておくと、バリエーションが増えて自由英作文がもっと書きやすくなるよ。他にどんな表現があるかな？

とも　　「enable」が使えると思う。

先生　　おお、素晴らしいね。「enable~ to V」で「～がVするのを可能にする」っていう意味になるよね。**「S enable ~ to V」の直訳は「Sは～がVすることを可能にする」になるけど、「Sのおかげで～はVできる」っていう意味になる**って考えておくと、使いやすくなるよ。

☑ **S enable~ to V.**

Sは〜がVすることを可能にする。 ➡ **Sのおかげで〜はVできる。**

先生	じゃあ「enable」を使って「外国語が話せると、もっといろいろな人と話せる。」を英語にするとどうなるかな？
こうき	さっきの「Speaking a foreign language」を主語にすると、Speaking a foreign language enables to talk with more people.になるのかな。
先生	惜しい！「enable~ to V」で「〜がVするのを可能にする」っていう意味だから、「enables」の後には目的語が必要なんだ。「be able to V」につられて「enable to V」にしないように気をつけようね。
ゆり	「enables me to talk with more people」にするってことですか？
先生	「外国語が話せるともっといろいろな人と話せる。」っていうのは、一般論で自分だけに限ったことじゃないから、「me」以外のものを使いたいね。
なみ	「us」とか？
先生	そうだね。「us」は少しカジュアルな言い方だけど、入試なら使っても大丈夫だよ。他には？
とも	「you」で一般論を述べるのもありだと思う。
先生	そうだね。他にあるかな？
なみ	「one」が使えると思う。
先生	おお、よく知ってるね。「one」で一般論を述べるのはけっこうフォーマルだから、硬い文に向いてるね。じゃあ今までやったことを活かして、「外国語が話せると、もっといろいろな人と話せる。」を英語にするとどうなるかな？
ゆり	Speaking a foreign language enables you to talk with more people.で良いと思う。
先生	よくできたね！

外国語が話せると、もっといろいろな人と話せる。

□ Speaking a foreign language

$\left\{\begin{array}{l}\text{makes it possible (for you) to talk with more people.} \\ \text{enables you to talk with more people.}\end{array}\right\}$

とも	1つ気になったことがあるんですけど。
先生	言ってごらん。
とも	「外国語を話せるともっといろいろな人と話せる。」っていう内容なんだけど、外国語を話せてもうまくコミュニケーションができるとは限らないですよね？
先生	鋭いね。日本人同士でもうまくコミュニケーションできないことがあるくらいだからね。外国語だと余計にそうなるよね。
とも	だから「make it possible」だとちょっと強すぎるかなと思って。
先生	そうだね。じゃあどうやったら少しニュアンスを弱められるかな？
なみ	「make it easy」とかにすれば良いかな？
とも	「make it easier」にするともっとひかえめになるね。
先生	そうだね。それを使ってSpeaking a foreign language makes it easier (for you) to talk with more people.にすると良いよ。
ゆり	「外国語ができるともっといろいろな人と話しやすくなる」ってことか。
先生	その通り！

外国語が話せると、もっといろいろな人と話しやすくなる。

□ Speaking a foreign language makes it easier (for you) to talk with more people.

先生	同じような内容を「make」や「enable」を使わずに表現する方法は他にあるかな？
とも	何かあったっけ？

こうき	「help」を使ってみるとか？
先生	おお、良いね！
こうき	前に先生の別の授業で教わったことを思い出したんだ。
先生	どんなことを教えたっけ？
こうき	「花子のおかげで私は宿題を終わらせることができた。」っていうのは「help」を使うとけっこう英語にしやすいでしょ？
ゆり	確かに。Hanako helped me to finish my homework.って感じかな。
先生	そうだね。「to」は省略されることも多いから、Hanako helped me (to) finish my homework. でも良いね。

花子のおかげで私は宿題を終わらせることができた。

Hanako helped me (to) finish my homework.

こうき	主語を人以外の物にして、「この本のおかげで私は宿題を終わらせることができた。」っていう文にしても、同じ発想で英語にできるって習ったよね。
なみ	確かに。よく覚えてたね。
こうき	やるときはやるんだよね。英語だと「花子」も「この本」も同じ扱いだから「本さんが私が宿題をするのを手伝ってくれた。」って考える。

60

先生　そうだったね。じゃあそれを英語にするとどうなる？

こうき　Mr. Book help me (to) finish my homework.って感じね。

ゆり　こうき君……。

こうき　え、うそ、また何かやらかした？

ゆり　「手伝ってくれた。」だから過去形にしなくちゃ。Mr. Book helped me (to) finish my homework.になるってこと。

こうき　あ、そっか。三単現の「s」に、過去形に、英語の動詞って、気をつけることだらけだなあ。

先生　動詞を書いたら、1秒で良いから止まってちゃんと使えているかどうかを確認するクセをつけようね。

> 花子のおかげで私は宿題を終わらせることができた。
> **Hanako helped me (to) finish my homework.**
>
> この本のおかげで私は宿題を終わらせることができた。
> **This book helped me (to) finish my homework.**

こうき　試験で「Mr. Book」って書くと意味不明になるから、ちゃんと「This book」にしないといけないね。

先生　　そうだね。こんなふうに「help」を使って、「外国語が話せると、もっといろいろな人と話せる。」を英語にするとどうなる？

なみ　　Speaking a foreign language helps you (to) talk with more people.になる。

先生　　その通り！

外国語が話せると、もっといろいろな人と話せる。

□ Speaking a foreign language
　{ makes it possible (for you)
　{ enables you
　to talk with more people.

　　　　　　　　　　　　　＊一般論なら「for you」は取れる。

ニュアンスを少し弱めると

□ Speaking a foreign language
　{ makes it easier (for you) to
　{ helps you (to)
　talk with more people.

先生　　これで「重要だ」っていう表現に加えて、「可能だ」っていう表現もたくさん学んできたね。

こうき　すごい量になってきたなあ。覚えるのが大変だ。

先生　　オリジナルテンプレートを作る前の準備だから、いろいろ練習しているんだよ。自分に合うものはどれかを見つけていこう！

● バリエーションを出すひと工夫

先生　　さて、2文目までを英語にすることができたね。どんな構成だったかを振り返って、次に英語にする内容を見ていくよ。

> ①外国語を勉強するのは大切だ。　主張
> ②外国語が話せると、もっといろいろな人と話せる。　①の理由
> ③アジアの言葉が話せると、そのアジアの言葉を話す人と会話ができる。　②の具体化
> ④中国語が話せると、中国人とコミュニケーションが取れる。　③の具体化
> ⑤中国語が流暢（りゅうちょう）な兄が、北京大学で先生やクラスメートと交流してきた。　④の具体化

先生　短い自由英作文なら③を省いて④の内容を書いても構わないけど、これまで学習してきたことの復習を兼ねて、③も英語にしてみようか。

ゆり　Speaking an Asian language makes it possible (for you) to talk with those who speak it.って感じですね。

先生　だいぶスムーズに英語が出てくるようになったね。他には？

とも　Speaking an Asian language enables you to talk with those who speak it.とか。

先生　良いね！　他には？

なみ　「Speaking an Asian language」だとさっきの文とほとんど同じ始まりになっちゃうから、何か工夫したいかも。

先生　そうだね。**同じ表現を連発しない**っていう意識はすごく大切なことだね。例えばどんな表現が使えるかな？

なみ　「Fluency in an Asian language」とかどうかな？　前にリーディングのテキストで出てきたのを使ってみたくて。

先生　おお、素晴らしいね。「fluency」っていうのは、「流暢さ」っていう意味だね。それを使って「アジアの言葉が話せると、そのアジアの言葉を話す人と会話ができる。」を英語にするとどうなるかな？

なみ　Fluency in an Asian language allows you to talk with those who speak it.って感じ。

先生　お見事！　「allow」も「可能にする」という意味の動詞として使えるね。

ゆり　あと、「enable」とか「allow」だと意味が強すぎるかなと思ったら、

63

「help」を使ってみる方法もあったと思う。

こうき　あ、「本さんが助けてくれた」ってやつだね。この場合は「アジアの言葉さんが助けてくれる」って感じにすれば良いってことか。

ゆり　そうそう！

先生　This book helped me (to) finish my homework. のように、「help」を使うと？

ゆり　さっきのなみちゃんの主語を借りると、Fluency in an Asian language helps you (to) talk with those who speak it. になる。

先生　うまく英語にできたね！　「help」は「enable」よりもニュアンスが弱いから、ある意味安全な表現だっていえるね。

アジアの言葉が話せると、そのアジアの言葉を話す人と会話ができる。

☐ Speaking an Asian language

{
makes it possible (for you)
enables you
allows you
}

to talk with those who speak it.

☐ Fluency in an Asian language

{
makes it easier (for you) to
helps you (to)
}

talk with those who speak it.

先生　他に「アジアの言葉が話せると、そのアジアの言葉を話す人と会話ができる。」を英語にする方法はあるかな？

こうき　え、もう全部使い切ったと思うんですけど。

先生　本当にそうかな？

ゆり　私ももう限界かも。

先生　じゃあここですごく大事な話をするよ。

なみ　先生が何か真剣な顔になった。

先生　このレッスンの最初の方で「重要」っていう意味を表す表現をたくさん学習したよね。それを活用すれば良いってことだよ。

とも　そういうことか！　例えば、「外国語が話せると、もっといろいろな人と話ができる。」と「外国語はもっといろいろな人と話をする上で大事な役割を果たしている。」って、似たような意味じゃない？

こうき　なるほどね！

先生　よく気づいたね。**「possible」系の表現は、「important」系の表現と基本的には書き換えられる**って考えて問題ないよ。

なみ　いっぱいありすぎて迷っちゃうな。

先生　さっきも言ったけど、いろいろな表現の中からピックアップして、自分オリジナルのテンプレートを後で作っていくからね。

POINT

「possible」系の表現は、「important」系の表現と原則交換可能。

先生　これまでに「アジアの言葉が話せると、そのアジアの言葉を話す人たちと会話ができる。」を「possible」系の表現をいろいろ使って英語にしてきたね。

ゆり　例えばFluency in an Asian language helps you (to) talk with those who speak it.って感じの文をいっぱい作りました。

先生　それを「important」系の表現を使って書き換えるとどうなるかな？

とも　「A play an important role in B.」とかを使って書き換えるってことですよね？

先生　そうだね。他に「important」系の表現にはどんなものがあったかな？

とも　「A serve as an important tool in B.」っていうのがあった。

こうき　よく覚えてるなあ。そこに「important」と同じような意味の言葉を入れるともっといろいろあるってことか。

とも　「vital」とか、「essential」とか、「crucial」とかやったな。

なみ　「indispensable」っていうの、インパクトあって覚えてる。

先生　そういう、いろいろな「important」系の表現を使って、「アジアの言

葉が話せると、そのアジアの言葉を話す人と会話ができる。」を英語にしてみようか。「アジアの言葉が話せることは、そのアジアの言葉を話す人と会話をする上で大事な役割を果たしている。」っていう意味の英語にするってことだよ。

ゆり　Fluency in an Asian language plays a crucial role in talking with those who speak it.って感じになるね。

先生　素晴らしい！　他には？

なみ　Fluency in an Asian language serves as an essential tool in talking with those who speak it.って感じかな。

先生　どんどん出てくるね！　他には？

とも　The importance of an Asian language in talking with those who speak it cannot be overestimated.っていうのもありだな。

先生　お見事だったね！　じゃあ、出てきたものをまとめておくよ。

アジアの言葉が話せることは、そのアジアの言葉を話す人と会話をする上で大事な役割を果たしている。

□ **Fluency in an Asian language**

{ **plays a crucial role in**

serves as an essential tool in }

talking with those who speak it.

□ **The importance of an Asian language in talking with those who speak it cannot be overestimated.**

先生　こんなふうに「possible」系の表現と「important」系の表現は原則交換可能だということを頭に入れておくと、表現の幅が広がって、同じ表現を連発しないで自由英作文を書けるようになるよ。

ゆり　アイデアさえ思いつけば、書ける気がしてきたかも。

先生　Lesson 4で作るテンプレートで、鬼に金棒になるよ。

● 長文の英作文でマンネリ化しないコツ!

先生　これで3文ほどの英語にできたね。短い英作文ならこのくらい書ければ十分だけど、300語を超える本格的なエッセイの英作文が出題される試験に対応できるように、今まで学んだことを活かしてさらに具体的な内容を英語にしてみよう。

①外国語を勉強するのは大切だ。　主張

②外国語が話せると、もっといろいろな人と話せる。　①の理由

③アジアの言葉が話せると、そのアジアの言葉を話す人と会話ができる。　②の具体化

④中国語が話せると、中国人とコミュニケーションが取れる。　③の具体化

⑤中国語が流暢(りゅうちょう)な兄が、北京大学で先生やクラスメートと交流してきた。　④の具体化

先生　④を英語にするとどうなるかな?

ゆり　ざっくり言うと、2通りの方法があると思う。

こうき　どういうこと?

先生　2通りっていうのはどういうことかな?

ゆり　「important」系と「possible」系の表現を使うってことです。

先生　素晴らしいね。それじゃあ、まず「important」系の表現を使って「中国語が話せると、中国人とコミュニケーションが取れる。」を英語にしてみよう。

ゆり　Speaking Chinese plays an important role in communicating with Chinese people.って感じかな。

先生　うんうん。英語が口をついて出てくるようになってきたね。素晴らしい。他には?

なみ　Fluency in Chinese serves as an important tool in communicating with Chinese people.って感じ。

先生　良いね!

〈「important」系の表現〉

中国語が話せると、中国人とコミュニケーションが取れる。

☐ Speaking Chinese plays an important role in communicating with Chinese people.

☐ Fluency in Chinese serves as an important tool in communicating with Chinese people.

先生 そうしたら、次は「中国語が話せると、中国人とコミュニケーションが取れる。」を、「possible」系の表現を使って英語にしてみよう。

とも Fluency in Chinese makes it possible (for you) to communicate with Chinese people. でどうですか？

先生 お見事！　他には？

なみ 普通だけど、Speaking Chinese enables you to communicate with Chinese people. で大丈夫かな？

先生 普通どころか、ものすごくハイレベルな英語になってきてるよ。「enable」以外にも「allow」も一緒に覚えておくとさらに表現の幅が広がるね。他には？

こうき 僕が得意なやつが残ってるかも。

とも ああ、あれか。

こうき 「help」を使うやつね。人でも物でも主語にできちゃうんだよね。しかも「enable」とかよりニュアンスが弱いから、ある意味安全っていう。

先生 それを使って「中国語が話せると、中国人とコミュニケーションが取れる。」を英語にするとどうなる？

こうき Fluency in Chinese can help you (to) communicate with Chinese people. になる。

先生 おお、良いね！

こうき いつも三単現の「s」を忘れちゃうから、「can help」にしてみたよ。良い感じじゃない？

とも まあまあだな。

先生 「make it easy for~ to V」を使う方法も一緒に覚えておくと良いよ。

〈「possible」系の表現〉

中国語が話せると、中国人とコミュニケーションが取れる。

☐ Fluency in Chinese

{
makes it possible (for you) to
makes it easy (for you) to
can help you (to)
}

communicate with Chinese people.

☐ Speaking Chinese

{
enables
allows
}

you to communicate with Chinese people.

先生　こんなふうに「important」系と「possible」系の表現は、原則として交換可能だって覚えておくと、同じ表現を連発せずに英語にすることができるよね。

こうき　何か僕でも書けそうな気がしてきた。

先生　次のレッスンから、いろいろな表現を組み合わせて自分オリジナルテンプレートを作っていくからさらに書きやすくなるよ。

とも　楽しみです。

先生　「important」系と「possible」系の表現をたくさん学習してきたね。次は「IPP」の最後、「positive」系の表現を学習していこうか。

◎「positive」系の表現

先生　それじゃあ、英作文の軸になる「IPP」の最後のP、「positive」系の表現を学習していこう。

とも　「positive」系の表現ってそんなに使えるんですか？

先生　すごく使えるよ。まず、どうして「positive」系の表現が役立つのか考えてみようか。今まで「important」系と「possible」系の表現を学んできたよね。この2種類の表現は原則交換可能だった。

ゆり　はい。でもそれって「positive」系と関係あるのかな？

先生　関係ありまくりだよ。

こうき　何かわかった気がするぞ。

ゆり　マジで？

先生　説明してみて。

こうき　簡単に言うと、**「positive」系の表現も、今までやってきた「important」系と「possible」系と交換できる**ってことですよね？

先生　お見事！　その通りだよ。

こうき　初めて先生にほめられた気がするな。

先生　そんなことはないと思うよ。こうき君もちゃんと頑張ってるからね！
それじゃあ「positive」系の使い方をもっと具体的に見てみようか。

中国語が話せると、中国人とコミュニケーションが取れる。

important系 : Fluency in Chinese plays an essential role in communicating with Chinese people.

possible系 : Fluency in Chinese enables you to communicate with Chinese people.

先生　こんなふうに「important」系は「possible」系で書き換えられるんだったよね。この2つはさらに「positive」系を使って書き換えることができるんだ。

とも　そういうことか。「中国語が話せると、中国人とコミュニケーションが取れる。」と、「中国語ができると中国人とのコミュニケーションに良い影響がある。」って、似たような内容だから。

先生　お見事！　だから「AはBに良い影響を与える。」っていう表現をいくつか覚えておくと、さらに表現の幅が広がって、英作文が書きやすくなるんだ。

POINT

「important」系、「possible」系、「positive」系のフレーズは原則交換可能。

ゆり　なるほど。でもどうやって英語にしたら良いのかな？

先生　それじゃあ「毎日の運動は健康に良い。」を英語にしてみようか。

こうき　普通に書くとDaily exercise is good for your health. ですよね。

先生　そうだね。まず当たり前のことが当たり前に書けるのが大切だね。そうしたら、ここで「important」系の表現で学習したのと同じことをやってみようと思うんだ。

なみ　もしかして、「be動詞を使わずに言い換えてみる」ってことですか？

先生　その通り！　鋭いね！　SVCに頼りすぎずにSVOで同じ内容を表現できるのは大事なことなんだ。じゃあ「毎日の運動は健康に良い。」を、be動詞を使わずに英語にできるかな？

ゆり　どうしたら良いんだろう。

先生　「毎日の運動は健康に良い影響を与える。」を英語にするって考えたらわかりやすいかも。

ゆり　Daily exercise gives a good effect to your health. ですか？

先生　惜しい！　「AはBに影響を与える。」という日本語につられると「A give a good effect to B.」って言いたくなっちゃうんだけど、英語では「**A have a good effect on B.**」って言うんだ。

とも　「on」って接触を表してる。影響はついて回ってくるからね。

ゆり　そういうことか。

先生　　そうだね。「effect」以外に「influence」と「impact」も覚えておくと
　　　　さらに表現の幅が広がるよ。

こうき　「impact」だとものすごい影響って感じがする。

先生　　「いろいろ影響がある」って感じにしたければ、「A have good
　　　　effects on B.」になるよ。

> 毎日の運動は健康に良い。
>
> □ **Daily exercise** { **is good for** / **has a good effect on** } **your health.**

●「good」の言い換えで表現の幅を広げる

先生　　さあ、ここでも「important」のときにやったのと同じ作業をしてみ
　　　　ようか。

とも　　「good」を類義語に置き換えるってことですか？　「important」を
　　　　「vital」とか「essential」にした感じで。

先生　　そうそう。ここで使える「good」の類義語にはどんなものがある？

こうき　「nice」とか？

なみ　　それだと「good」と大して変わんなくない？

こうき　まあね。

ゆり　　「positive」はどうかな？

先生　　良いね！　後で学習するけど、反対語の「bad」の場合には「negative」
　　　　になるからここでまとめて覚えてしまおう。他にあるかな？

とも　　思いつかないなあ。

なみ　　「beneficial」ってどうかな？　英検の単語を勉強してるときに覚えた
　　　　やつなんだけど。

先生　　素晴らしい！　「利益」っていう意味の名詞「benefit」を覚えてる人
　　　　は多いはずだから、「beneficial」っていう形容詞は比較的覚えやすい
　　　　んじゃないかな。他に「favorable」っていう形容詞もあるから一緒に
　　　　覚えておこう。

こうき　「favorite」に似てて、覚えやすい。ただ、すごい量になってきたな。

先生　オリジナルのテンプレートを作るから、無理して全部覚える必要はないけど、もっと覚えておきたいっていう人のために、もう1つだけ表現を教えておこう。暗記の負担は少ないから安心して。

なみ　どんな表現ですか？

先生　さっき「benefit」っていう単語が出てきたよね。

とも　「利益」っていう意味の名詞ですよね。

先生　そうだね。実は「benefit」は、「利益を与える」っていう意味の他動詞としても使えるんだ。

こうき　あ、それなら簡単だ。

先生　じゃあ「benefit」っていう動詞を使って「運動は健康に良い。」を英語にするとどうなる？

こうき　Daily exercise can benefit your health.ってことですよね？　また「can」をつけてみたよ。いつも三単現の「s」忘れちゃうから。

先生　お見事！　ここまでの内容をまとめておこう。

毎日の運動は健康に良い。

☐ **Daily exercise**
- **is good for**
- **has a good effect on**
- **has a positive effect on**
- **has a beneficial effect on**
- **has a favorable effect on**
- **has a positive influence on**
- **can benefit**

your health.

先生　じゃあこの「positive」系の表現を使って、「中国語が話せると、中国人とコミュニケーションが取れる。」を英語にするとどうなるかな？「important」系と「possible」系の表現に加えて、この表現が使えるようにしておくと、さらに表現の幅が広がるよ。

中国語が話せると、中国人とコミュニケーションが取れる。
important系：Fluency in Chinese plays an essential
role in communicating with Chinese
people.
possible系　：Fluency in Chinese enables you to
communicate with Chinese people.

とも　　「中国語が話せることは、中国人とのコミュニケーションに良い影響
　　　　がある。」って考えちゃえば良いってことだな。

先生　　その通り。「中国語が話せると、中国人とコミュニケーションが取れ
　　　　る。」っていうのと100%同じなわけじゃないけど、そんなふうに言
　　　　い換えられると、同じ表現を連発してしまうことがなくなるね。じゃ
　　　　あ実際に英語にしてみようか。

とも　　Fluency in Chinese has a good effect on communication with
　　　　Chinese people. みたいな感じで良いのかな。

先生　　大丈夫だよ。

ゆり　　Fluency in Chinese has a beneficial effect on communication
　　　　with Chinese people. みたいに、「good」の代わりに他の形容詞を
　　　　使う方法もあったよね。

先生　　よく覚えてたね。えらい！　他にも「positive」とか「favorable」み
　　　　たいな形容詞が使えるね。よく使う言葉は最低3通りで書けるように
　　　　しておくと英作文に役立つよ。まだ他にもあったよね？

なみ　　**「benefit」を「良い影響を与える」っていう意味の他動詞で使う方法**
　　　　があったよね。短いから使いやすい。

先生　　そうだね。「利益」っていう意味の名詞として覚えてる人が多いんだけ
　　　　ど、「利益を与える」っていう意味の他動詞で使える人は少ないから、
　　　　覚えておくと良いね。それを使って「中国語が話せると、中国人との
　　　　コミュニケーションに良い影響がある。」を英語にすると？

こうき　Fluency in Chinese can benefit communication with Chinese
　　　　people. って感じになる。三単現の「s」を忘れないように「can

benefit」をセットで覚えちゃった。

先生　うんうん。そうやって文法的なミスも減らしていくようにしようね。

中国語が話せると、中国人とのコミュニケーションに良い影響がある。

positive系：

☐ **Fluency in Chinese has a**
  - good
  - positive
  - beneficial
  - favorable

effect on communication with Chinese people.

☐ **Fluency in Chinese can benefit communication with Chinese people.**

先生　これで「中国語が話せると、中国人とコミュニケーションが取れる。」をいろいろな方法で英語にできたね。

ゆり　めっちゃいっぱい練習したなあ。

先生　そうだね。ここで何より大切なのは、「important」「possible」「positive」っていう3種類の「IPP」の表現が原則交換可能っていうことだよ。これを押さえておけば、「抽象から具体」の流れに沿って考えたアイデアを、きちんと英語で表現することができるようになるんだ。

こうき　何となく自由英作文が書けそうな気がしてきた。

先生　さらに次のレッスンでオリジナルテンプレートを作れば、きっと「何となく」が「絶対」に変わるよ。

● 「IPP」を自在に操れ！ ①「important」のおさらい

先生　　さあ、いよいよ5つ目の文を作っていくよ。

①外国語を勉強するのは大切だ。　主張

②外国語が話せると、もっといろいろな人と話せる。　①の理由

③アジアの言葉が話せると、そのアジアの言葉を話す人と会話ができる。　②の具体化

④中国語が話せると、中国人とコミュニケーションが取れる。　③の具体化

⑤中国語が流暢な兄が、北京大学で先生やクラスメートと交流してきた。　④の具体化

先生　　「中国語が流暢な兄が、北京大学で先生やクラスメートと交流してきた。」を英語にしたらどうなるかな？

こうき　　とりあえず3通りで書けるってことですよね？

先生　　そうそう。そこが大事なところだよ。⑤の内容も、「important」「possible」「positive」の3種類で表現できるよ。

ゆり　　「中国語が流暢な兄が、北京大学で先生やクラスメートと交流してきた。」っていうのは、要は「兄の中国語が交流で大事な役割を果たしてきた」ってことですよね？

先生　　そうだね。

ゆり　　ってことは、My brother's fluency in Chinese played an important role in his communication with his teachers and classmates at Beijing University.って感じかな。

先生　　スムーズに言えたね！　ただ時制は過去形じゃないよ。

とも　　「交流してきて今に至る」って感じだから、現在完了形だね。

先生　　そうだね。

ゆり　　そっか。気をつけなくちゃ。My brother's fluency in Chinese has played an important role in his communication with his teachers and classmates at Beijing University.だね。

先生　あと、「important」以外にも、「vital」、「essential」、「crucial」みたいな形容詞が使えるんだったね。他には？

なみ　My brother's ability to speak Chinese has served as an essential tool in communicating with his teachers and classmates at Beijing University.って言える。

とも　「tool」を「skill」に換えると、もっと良くなるんじゃない？　語学力ってスキルだし。

先生　「served as an essential skill」にするってことだね。素晴らしい！そうやってどんどん言い換えにチャレンジしよう。

〈「important」系の表現〉
中国語が流暢な兄が、北京大学で先生やクラスメートと交流してきた。

☐ **My brother's fluency in Chinese has played an important role in his communication with his teachers and classmates at Beijing University.**

☐ **My brother's ability to speak Chinese has served as an essential skill in communicating with his teachers and classmates at Beijing University.**

● 「IPP」を自在に操れ！　②「possible」のおさらい

先生　これで「important」系は出そろったかな。次は「possible」系を使って「中国語が流暢な兄が、北京大学で先生やクラスメートと交流してきた。」を英語にしてみよう。

なみ　「兄の流暢な中国語が交流することを可能にしてきた」って考えれば良いってことですよね？

先生　そうだね。

ゆり　普通にMy brother's fluency in Chinese made it possible for him to interact with his teachers and classmates at Beijing

University.って感じかな？

こうき　全然普通じゃないよ！「communicate」の代わりに「interact」使ったの良い感じだね。

先生　すごく良い文が瞬間的に書けるようになってきてるね。ただ動詞の形は「made」じゃない。

ゆり　あ、さっきのやつだ。

とも　「交流して今に至る」にしたいなら現在完了形の「has made」にしないといけないってことね。

ゆり　My brother's fluency in Chinese has made it possible for him to interact with his teachers and classmates at Beijing University.だね。

先生　他には？

とも　My brother's fluency in Chinese has enabled him to interact with his teachers and classmates at Beijing University.にしてみた。

先生　良いね！　他には？

なみ　ニュアンスを弱めて「help」を使う方法があるよね。My brother's fluency in Chinese has helped him (to) interact with his teachers and classmates at Beijing University.って感じで。

先生　良い感じだよ！

〈「possible」系の表現〉
中国語が流暢な兄が、北京大学で先生やクラスメートと交流してきた。

□ **My brother's fluency in Chinese**

{
has made it possible for him to
has enabled him to
has helped him (to)
}

interact with his teachers and classmates at Beijing University.

● 「IPP」を自在に操れ！ ③「positive」のおさらい

先生 そうしたら、最後に「中国語が流暢な兄が、北京大学で先生やクラスメートと交流してきた。」を「positive」系の表現を使って英語にしてみようか。

ゆり 「兄の中国語が北京大学での交流に良い影響を与えてきた」って言えば良いんですよね？ 「今まで影響を与えてきている」ってことだから、過去形じゃなくて現在完了形で書かなくちゃいけない。

先生 その通り。

ゆり だから、My brother's fluency in Chinese has had a positive effect on his interactions with his teachers and classmates at Beijing University.って感じになる。

先生 お見事！ 「positive」の他にも「beneficial」とか「favorable」みたいな形容詞が使えるんだったね。あと「effect」の類義語に「impact」と「influence」があったね。一緒に覚えておこう。他に「良い影響を与える」っていう表現にはどんなものがあったかな？

こうき 「benefit」が使える。

先生 よく覚えてたね。「benefit」は「利益を与える」っていう意味の他動詞としても使えるんだった。それを使って「中国語が流暢な兄が、北京大学で先生やクラスメートと交流してきた。」を英語にすると？

こうき My brother's fluency in Chinese have benefited his interactions with his teachers and classmates at Beijing University.になる。「今まで良い影響を与えてきた」ってことだから、ちゃんと「have+過去分詞」で現在完了形にしないとね。完璧だね。

なみ こうき君……。

先生 そこまでは良かったんだけど、ちょっとハズれたかもしれないな。

とも Sが「fluency」だから「have」じゃなくて「has」にしなきゃ。

なみ My brother's fluency in Chinese has benefited his interactions with his teachers and classmates at Beijing University.になるってこと。

こうき そっか、現在完了にすることに集中しちゃって、三単現の「s」をつ

け忘れちゃったってことか。さっきはできてたんだけどな……。

先生　英語を書いたら、SVがちゃんと合ってるかどうかを1秒止まって確認してから次にいくようにしようね。

こうき　書いた文に全部SVってつけてみようかな。

先生　うん。そのくらいすればSVの間違いが確実に減るね！

〈「positive」系の表現〉
中国語が流暢な兄が、北京大学で先生やクラスメートと交流してきた。

☐ My brother's fluency in Chinese has had a positive effect on his interactions with his teachers and classmates at Beijing University.

☐ My brother's fluency in Chinese has benefited his interactions with his teachers and classmates at Beijing University.

先生　これで「中国語が流暢な兄が、北京大学で先生やクラスメートと交流してきた」という内容を「important」「possible」「positive」っていう「IPP」系の3通りの表現を使って英語にすることができたね。これで100語程度の短い英作文を書く準備が整ったよ。次のLesson 4で1つ目のテンプレートを作る前に、エクササイズでこのレッスンの復習をしておこう。

エクササイズ

問題

次の日本語の内容を「important」「possible」「positive」の3種類の表現を使って英語にしなさい。

スマートフォンを使うと英語の勉強がしやすい。

1. important系：「スマホは英語を勉強する上で大事な役割を果たしている。」と考える。

- Smartphones play an important role in learning English.
- Smartphones serve as an important tool in learning English.
- The importance of smartphones in learning English cannot be overestimated.

  ＊「important」は「vital」「essential」「crucial」「indispensable」などにできる。
  ＊「can play」にするなど、助動詞をつけて言えるようにしておくとSVの不一致を防げる。

2. possible系：「スマホは私たちが英語を効率的（efficiently）に勉強することを可能にする。」と考える。

- Smartphones make it possible (for us) to learn English efficiently.
- Smartphones enable us to learn English efficiently.
- Smartphones help us (to) learn English efficiently.

  ＊「enable」の代わりに「allow」も使える。

3. positive系：「スマホが英語の勉強に良い影響を与える。」と考える。

- Smartphones have a positive effect on learning English.
- Smartphones benefit the learning of English.

  ＊「positive」の代わりに「beneficial」や「favorable」なども使える。
  ＊動名詞を直接「benefit」の目的語にするのは不自然なので「the V-ing of〜」の形にすると良い。

先生　Lesson 3では「important」「possible」「positive」っていう「IPP」の表現をたくさん勉強したね。その表現を覚えておくだけでも、自由英作文が相当書きやすくなるんだ。それに次のレッスンで学習するテンプレートを加えれば、鬼に金棒だよ！

こうき　めっちゃ楽しみです！

4

自分の
ポジティブテンプレート
を作ろう

「型」があれば英作文は怖くない

自分の ポジティブテンプレートを 作ろう

┤ Lesson 4のポイント ├

この授業では、Lesson 3で学習した「important」「possible」「positive」の 3種類の表現を軸にして、今後の段落構成のベースとなるオリジナルテンプ レートを作成していきます。前のレッスンでは扱わなかった表現もいくつか紹 介しますので、自由に組み合わせながら英作文の試験で高得点が狙えるテン プレートを4人の生徒たちと一緒に作っていきましょう！ 選択肢の中から 使ってみたいものをノートに書き込んで、この授業が終わった時にオリジナル テンプレートができあがっている状態にしてください。「難しすぎて自分には使 えない」という選択肢は無視しても大丈夫です。

◎ ポジティブな内容のテンプレート作成

先生　　それじゃあポジティブな内容の段落を作るベースになるテンプレー トを一緒に作っていこう。実際に使うときに主語や時制によって動詞 の形を変えるのをお忘れなく。

こうき　　待ってました！

先生　　たくさんある「important」系の表現の中から選んで、自分オリジナ ルの段落のトピックセンテンスを作ってみよう。トピックセンテンス は、段落の中でいちばん言いたいことや大事なことを簡潔にまとめ た文のことだよ。自由英作文では、これからどんな話をするのかを段 落の最初のトピックセンテンスで簡単に伝えておくと、その後の内 容が読み手の頭に何倍も入りやすくなるよ。まず、次の5つの中から

自分で使いたいものを選んでみよう。

〈「AはBにおいて重要である」という意味の表現〉
(i) Ⓐ **be important in** Ⓑ.
(ii) Ⓐ **be of importance in** Ⓑ.
(iii) Ⓐ **serve as an important tool in** Ⓑ.
(iv) Ⓐ **play an important role in** Ⓑ.
(v) The importance of Ⓐ **in** Ⓑ **cannot be overestimated.**

こうき　僕は (i) に「can」をつけて「Ⓐ can be important in Ⓑ.」にしよっと。

ゆり　　私は (iv) の「Ⓐ play an important role in Ⓑ.」にしとこうかな。

なみ　　うちは (iii) の「Ⓐ serve as an important tool in Ⓑ.」にする。

とも　　俺は (v) の「The importance of Ⓐ in Ⓑ cannot be overestimated.」
　　　　にするわ。

テンプレートのCHECK

[こうき]
Ⓐ can be important in Ⓑ.

[ゆり]
Ⓐ play an important role in Ⓑ.

[なみ]
Ⓐ serve as an important tool in Ⓑ.

[とも]
The importance of Ⓐ in Ⓑ cannot be overestimated.

先生　　　そうしたら、playとserveの文を選んだ人は、「important」という形容詞を次の中から選んで言い換えてみよう。前のレッスンで学習してないものも選択肢に入れておくから、使ってみると良いよ。

(i) vital	(ii) essential	(iii) crucial
(iv) critical	(v) key	(vi) indispensable
(vii) central	(viii) integral	(ix) primary

先生　　　どれも「very important」という意味で使える形容詞だよ。

こうき　　僕は「important」のままで良いかな。

ゆり　　　私は (ii) の「essential」を使って、「Ⓐ play an essential role in Ⓑ.」にしてみる。

なみ　　　じゃあうちは (iii) の「crucial」を使って「Ⓐ serve as a crucial tool in Ⓑ.」にしてみるね。「tool」以外にも「skill」とかも使えて便利そうだし。

とも　　　じゃあ俺は今までやってきたやつを組み合わせて「The important role Ⓐ play in Ⓑ cannot be overestimated.」にするわ。

なみ　　　「ⒶがⒷで果たしている役割はどんなに評価してもしすぎることはない」、要は「ⒶはⒷでめっちゃ大事だ」ってことだね。

こうき　　すごいの出てきたね！

> [こうき]
> Ⓐ can be important in Ⓑ.
>
> [ゆり]
> Ⓐ play an essential role in Ⓑ.
>
> [なみ]
> Ⓐ serve as a crucial tool in Ⓑ.
>
> [とも]
> The important role Ⓐ play in Ⓑ cannot be overestimated.

先生　これで段落のトピックセンテンスは完成したね。次はそれを少し具体化した文を「possible」系の表現を使って書けるようにしていこう。次の文の中から使いたいものを選んでみてね。

〈「可能にする」という意味の表現〉

(i) Ⓒ **make it possible** Ⓓ **for~ to V.**

　＊easyにするとニュアンスが弱まる。

(ii) Ⓒ **enable** Ⓓ **~ to V.**

(iii) Ⓒ **allow** Ⓓ **~ to V.**

(iv) Ⓒ **help** Ⓓ **~ (to) V.**

先生　「ⒸはⒹ～がVするのを可能にする」っていう内容の文になるね。ⒸにはⒶを具体化したもの、ⒹにはⒷを具体化したものがそれぞれ入るよ。どれを使いたいかな？

こうき　僕は (iv) にしておくね。

ゆり　私は (i) の「Ⓒ make it possible Ⓓ for~ to V.」にしとくね。

なみ　じゃあうちは (iii) の「allow」にするね。

とも　　　じゃあ俺は (ii) の「enable」にしとく。

テンプレートのCHECK

[こうき]
Ⓐ can be important in Ⓑ. Ⓒ help Ⓓ ~ (to) V.

[ゆり]
Ⓐ play an essential role in Ⓑ. Ⓒ make it possible Ⓓ for~ to V.

[なみ]
Ⓐ serve as a crucial tool in Ⓑ. Ⓒ allow Ⓓ ~ to V.

[とも]
The important role Ⓐ play in Ⓑ cannot be overestimated.
Ⓒ enable Ⓓ ~ to V.

先生　　　そうしたら、最後に「possible」系で書いた内容をさらに具体化した
　　　　ものを「positive」系を使ってスムーズに書けるようにしよう。次の
　　　　中から使いたいものを選んでみてね。Ⓔには Ⓒ を具体化したもの、
　　　　Ⓕには Ⓓ を具体化したものが入るよ。

〈「良い影響を与える。」という意味の表現〉
(i) 　Ⓔ **have a good effect on** Ⓕ**.**
(ii) 　Ⓔ **have a good influence on** Ⓕ**.**
(iii) 　Ⓔ **have a good impact on** Ⓕ**.**
(iv) 　Ⓔ **benefit** Ⓕ**.**

こうき　　僕はとりあえず (iv) にしとこうかな。「Ⓔ benefit Ⓕ.」って感じで。
ゆり　　　私は (i) の「Ⓔ have a good effect on Ⓕ.」にしとこうかな。

なみ　　じゃあうちは (ii) の「Ⓔ have a good <u>influence</u> on Ⓕ.」で。

とも　　俺は (iii) の「Ⓔ have a good impact on Ⓕ.」にしとくわ。

先生　　「good」を次の形容詞のリストの中から選んで書き換えても良いよ。

(i) positive　(ii) beneficial　(iii) favorable

ゆり　　じゃあ私は (i) を使って、「Ⓔ have a positive effect on Ⓕ.」にしとこうかな。

なみ　　うちは (ii) の「beneficial」を使って「Ⓔ have a beneficial influence on Ⓕ.」にする。

とも　　俺は (i) を使って「Ⓔ have a positive impact on Ⓕ.」にしとく。

こうき　みんないろいろアレンジできてて、良い感じだね。

テンプレートのCHECK ▶

[こうき]
Ⓐ can be important in Ⓑ. Ⓒ help Ⓓ ~ (to) V. Ⓔ benefit Ⓕ.

[ゆり]
Ⓐ play an essential role in Ⓑ. Ⓒ make it possible Ⓓ for~ to V. Ⓔ have a positive effect on Ⓕ.

[なみ]
Ⓐ serve as a crucial tool in Ⓑ. Ⓒ allow Ⓓ ~ to V. Ⓔ have a beneficial influence on Ⓕ.

[とも]
The important role Ⓐ play in Ⓑ cannot be overestimated. Ⓒ enable Ⓓ ~ to V. Ⓔ have a positive impact on Ⓕ.

先生	これでベースになるテンプレートができあがったね。
とも	めちゃくちゃシンプルですね。
先生	後の授業で、これに手を加えていくけど、「抽象から具体」と「因果関係」が整っていれば、50語程度の短い自由英作文ならこのテンプレートだけでも対応できるんだよ。
こうき	そうなんですか？
先生	例えば前のLesson 3で扱った「外国語を勉強するのは大切だ。」っていうトピックを思い出してみようか。

① [A]外国語が話せることは[B]国際コミュニケーションにおいて重要だ。

② [C]中国語が話せると[D]中国人と話せる。

③ [E]中国語が流暢な兄が、[F]北京大学で先生やクラスメートと交流してきた。

先生	[A]から[F]まで整っていれば、あとはテンプレートに埋めていくだけで①〜③のような文を英語で表現できるよ。
先生	[A]から[F]まで埋められるかな？
なみ	できた！

テンプレート

Ⓐ serve as a crucial tool in Ⓑ. Ⓒ allow Ⓓ ~ to V. Ⓔ have a beneficial influence on Ⓕ.

英作文

ⒶThe ability to speak a foreign language serves as a crucial tool in Ⓑinternational communication. ⒸFluency in Chinese allows Ⓓyou to communicate with Chinese people. ⒺMy brother's good command of Chinese has had a beneficial influence on Ⓕhis interactions with his teachers and classmates at Beijing University.

こうき　おお、やばい！　けっこう良い感じだね！

ゆり　「The ability to speak a foreign language」ってめっちゃ良い感じ。

とも　「The ability to V」で「Vできること」っていう意味の名詞のカタマリになるんだよね。

先生　その通り。「S can V」の代わりに「The ability to V」って書くと、今まで覚えてきた「IPP」の表現を続けやすくなるね。

POINT

「the ability to V」は「Vできること」という意味の
名詞のカタマリ

先生　なみさんの英作文は47語だね。50語くらいの短い自由英作文を課す大学もあるから、このテンプレートである程度対応はできるね。

とも　国際教養大学みたいに、300語の長い英作文を書かせる大学の場合にはどうしたら良いですか？

先生　　後の授業で、さらに手を加えて表現的にも内容的にも充実させてい
　　　　く方法を学習していくから心配いらないよ。じゃあ次はとも君のテン
　　　　プレートを使ってみようか。

とも　　余裕だったな。

ともの答案の確認

テンプレート

The important role Ⓐ play in Ⓑ cannot be overestimated. Ⓒ
enable Ⓓ ~ to V. For instance, Ⓔ have a positive impact on Ⓕ.

英作文

The important role Ⓐthe ability to speak a foreign language
plays in Ⓑinternational communication cannot be overestimated.
ⒸFluency in Chinese enables Ⓓyou to communicate with
Chinese people. For instance, Ⓔmy brother's good command of
Chinese has had a positive impact on Ⓕhis interactions with his
teachers and classmates at Beijing University.

ゆり　　ヤバい！

なみ　　Ⓔで「fluency in」の代わりに「good command of」を使ったのも
　　　　良い。

先生　　51語で良い感じに書けたね！　「command」は「自在に扱える能力」
　　　　という意味だよ。

とも　　「for instance」みたいなのをⒺの前につけた方が良いのかなって
　　　　思ったんですけど。

先生　　「my brother」と「Chinese」っていう固有名詞を使っているから、
　　　　具体例の話だってことは伝わるかな。でも確かに「for example」や
　　　　「for instance」みたいなフレーズを使ってあげると、その次に例が

くるっていうことがわかりやすくなるね。その他の「具体例のサイン」は後のレッスンで学習していくよ。

とも　楽しみにしてます。

先生　それじゃあ次はゆりさんのテンプレートに当てはめてみようか。

ゆりの答案の確認

テンプレート

Ⓐ play an essential role in Ⓑ. Ⓒ make it possible Ⓓ for~ to V.
For example, Ⓔ have a positive effect on Ⓕ.

英作文

ⒶThe ability to speak a foreign language plays an essential role in Ⓑinternational communication. ⒸFluency in Chinese makes it possible Ⓓfor you to communicate with Chinese people. For example, Ⓔmy brother's good command of Chinese has had a positive effect on Ⓕhis interactions with his teachers and classmates at Beijing University.

ゆり　めっちゃ普通だよね。

こうき　全然普通じゃないよ。良い感じだと思う。文法もちゃんとしてるし。

先生　51語でうまくまとめられたね。次はこうき君のテンプレートを使ってみようか。

こうき　全然自信ないんですけど……。

テンプレート

Ⓐ can be important in Ⓑ. Ⓒ help Ⓓ ~ (to) V. For example, Ⓔ benefit Ⓕ.

英作文

ⒶThe ability to speak a foreign language can be important in Ⓑinternational communication. For example, Ⓒfluency in Chinese helps Ⓓyou communicate with Chinese people. ⒺMy brother's excellent command of Chinese have benefited Ⓕhis interactions with his teachers and classmates at Beijing University.

こうき	思ってたより全然良い感じになったかも……。あ、ちょっと待った！　「have benefited」じゃなくて「has benefited」だね。主語が「command」だから三単現の「s」をつけないと。
先生	よく気づいたね！　42語で良い感じにまとまってるよ！
こうき	どうなるかちょっと不安だったけど、僕にしてはよく書けたかな。
とも	テンプレート使っただけじゃん？
こうき	確かにそうだけど、書ける実感が湧いてきてうれしいよ！
先生	「important」「possible」「positive」の組み合わせは何千通りもあるから、自分で使いたい表現を組み合わせてオリジナルのテンプレートを作って覚えておこう。
ゆり	めっちゃ使えるってわかってきた！　ちゃんと覚えておきます。
先生	頑張ろうね。4段落以上のもっと長い英作文を書かないといけない人は、今作ったテンプレートで使わなかったものから選んで、ポジティブな内容の段落で使えるテンプレートをもう1つ作っておくと試験で役に立つよ。
なみ	後でやってみよっと。

先生　　必ず作っておいてね。そうしたら、別のトピックでこのテンプレート
　　　　が使えるかどうか試してみようか。

---

① ⓐ携帯電話は ⓑ学生のさまざまな科目の勉強に良い影響を与える。

② ⓒスマートフォンのアプリは ⓓ高校生の英語の勉強に良い影響を
　与える。

③ ⓔiPhoneのアプリは ⓕ私の英語のリスニングの勉強に良い影響
　を与えてきた。

先生　　ⓐⓒⓔ、ⓑⓓⓕ でちゃんと「抽象から具体」の流れが作れてる
　　　　ね。こんな流れが作れると、テンプレートが活用できるよ。ゆりさん
　　　　のテンプレートに当てはめるとどうなるかな？

ゆりの答案の確認

> **テンプレート**
>
> ⓐ play an essential role in ⓑ. ⓒ make it possible ⓓ for~ to V.
> For example, ⓔ have a positive effect on ⓕ.
>
> **英作文**
>
> ⓐCellphones can play an essential role in ⓑstudying many
> subjects. ⓒSmartphone apps make it possible ⓓfor high school
> students to learn English effectively. For example, ⓔmy iPhone
> apps have had a positive effect on ⓕmy English listening skills.

先生　　すごくスムーズに英語にできたね。38語だよ。「effectively（効果的
　　　　に）」を足したのも良かったね。

ゆり　　前のレッスンでやったのを思い出したから使ってみました。

先生　　他にも「efficiently（効率的に）」「productively（生産的に）」

95

「successfully（うまく）」みたいな副詞を覚えておくと便利だよ。

ゆり　少し短かったかなあ。

先生　もっといろいろ加えて表現的にも内容的にも充実させていく方法を後のレッスンで学習していくから、今はこのくらい書けてれば大丈夫！

ゆり　わかりました！

先生　じゃあ次はこうき君のテンプレートを使ってみようか。

こうきの答案の確認

テンプレート

Ⓐ can be important in Ⓑ. Ⓒ help Ⓓ~ (to) V. For example, Ⓔ benefit Ⓕ.

英作文

ⒶCellphones can be important in Ⓑstudying many subjects. ⒸSmartphone apps help Ⓓhigh school students learn English effectively. For example, Ⓔmy iPhone apps have benefited Ⓕmy English listening skills.

先生　28語でうまくまとまってるよ！

こうき　自分で書いたとは思えないな。良い感じ！

とも　こうき君が文法間違えなかったの初めてなんじゃん？

こうき　僕はとも君と違って全然完璧じゃないけど、だいぶ成長してきてるって実感できてうれしいよ！

先生　頑張ってるよね！　次はなみさんかな。

なみの答案の確認

テンプレート

Ⓐ serve as a crucial tool in Ⓑ. Ⓒ allow Ⓓ ~ to V. For instance,
Ⓔ have a beneficial influence on Ⓕ.

英作文

ⒶCellphones can serve as a crucial tool in Ⓑstudying a wide variety of subjects. ⒸSmartphone apps allow Ⓓhigh school students to learn English in an effective manner. For instance, Ⓔmy iPhone apps have had a beneficial influence on Ⓕmy English listening skills.

先生　42語でうまくまとめられたね。

なみ　「effectively」っていうのを「in an effective manner」にしました。

先生　うまくアレンジできてるね！　さっき学習した副詞の「effectively」「efficiently」「productively」は、それぞれ「in an effective manner」「in an efficient manner」「in an productive manner」に書き換えられるから、一緒に覚えておくと便利だよ。

とも　この場合の「manner」は「方法」って意味で「way」の類義語だね。

先生　その通り。「さまざまな」っていう意味の「a wide variety of」を使ったのも良かったね。

なみ　「many」って使いたくなかったから。

先生　お見事だったよ。そうしたら、最後はとも君だ。

ともの答案の確認

テンプレート

The important role Ⓐ play in Ⓑ cannot be overestimated. Ⓒ enable Ⓓ ~ to V. For instance, Ⓔ have a positive impact on Ⓕ.

英作文

The important role Ⓐcellphones can play in Ⓑstudying various subjects cannot be overestimated. ⒸSmartphone apps enable Ⓓhigh school students to learn English in an efficient way. For instance, Ⓔmy Android apps have had a positive impact on Ⓕmy English listening comprehension skills.

先生　良い感じに仕上がったね。42語だよ。

とも　ただテンプレートを使っただけだけどね。

こうき　とも君、iPhone じゃなくて Android なんだね。

とも　人と同じの嫌だから。

こうき　そんなところが英語にも出てるかもね。「listening skills」じゃなくて「listening comprehension skills」にしてるとこも。

先生　「reading comprehension skills」で「読解力」、「listening comprehension skills」で「聴解力」っていう意味になるんだよ。

ゆり　今度使ってみます！

先生　どんどん使ってみよう！　これで、「抽象から具体」と「因果関係」の展開さえできれば、自由英作文が書けるという手応えがつかめてきたんじゃないかな。50語くらいの自由英作文の問題なら、これで対応できるよ。

とも　俺はもっと長いのが書けるようになりたいな。

先生　それじゃあ少し休憩した後に、そのための方法を2つだけ学習していこうか。

◎ ポジティブな内容のテンプレートを さらに充実させてみる

> ① ⒶꞋ携帯電話は ⒷꞋ学生のさまざまな科目の勉強に良い影響を与える。
> ② ⒸꞋスマートフォンのアプリは、ⒹꞋ高校生の英語の勉強に良い影響を 与える。
> ③ ⒺꞋiPhoneのアプリは、ⒻꞋ私の英語のリスニングの勉強に良い影響 を与えてきた。

先生　それじゃあ今まで書いてきた①②③の内容をさらに充実させていく 方法を2つ学んでいこう。③の後にはどんな文を書いたら良いかな？

とも　Ⓔの「iPhone」とⒻの「英語のリスニングの勉強に良い影響」って いう部分をもっと具体化したいかな。

先生　そうだね。どうやったら具体化できるかな？　前のレッスンで学習し た流れを思い出せると良いね。

なみ　Ⓔなら例えば「iPhoneのBBC Learning Englishっていうアプリ」、 Ⓕなら「先月TOEICのリスニングで満点が取れた」とかにしちゃっ ても良いのかな。

先生　そうだね。そうやって**固有名詞とか具体的な数字を出すとさらに具体 化できる**ね。

> ①ⒶꞋ携帯電話は ⒷꞋ学生のさまざまな科目の勉強に良い影響を与える。
> ②ⒸꞋスマートフォンのアプリは、ⒹꞋ高校生の英語の勉強に良い影響を 与える。
> ③ⒺꞋiPhoneのアプリは、ⒻꞋ私の英語のリスニングの勉強に良い影響 を与えてきた。
> ④ⒼꞋBBC Learning Englishというアプリのおかげで、ⒽꞋTOEICリス ニングで満点が取れた。

先生　　それを英語でスムーズに書けるようにするためのフレーズを使って
　　　　みよう。今まで「important」「possible」「positive」っていう「IPP」
　　　　系の表現をたくさん勉強してきたね。繰り返しになるけど、その3つ
　　　　は原則交換可能だったよね。その中から自分のテンプレートでまだ
　　　　使っていない物を選んで、自分のテンプレートに加えてみよう（85
　　　　〜89ページ参照）。

こうき　じゃあ僕は「allow~ to V」にしとこうかな。

ゆり　　私は「help~ (to) V」を使ってみようかな。

なみ　　うちは「make it easy for~ to V」を使ってみよっと。

とも　　俺、「allow~ to V」にしとくわ。

こうき　僕が選んだのと同じじゃない？　人と同じが嫌いなのにめずらしい。

とも　　別に「allow」ってこうき君が発明したわけじゃないしね。

なみ　　こうき君と同じでうれしそうに見えるのって気のせいかな？

先生　　今選んだのは、前の例を強める内容だから、「In fact, 」の後ろに続
　　　　けてみよう。

[こうき]

Ⓐ can be important in Ⓑ. Ⓒ help Ⓓ ~ (to) V. For instance, Ⓔ benefit Ⓕ. In fact, Ⓖ allow Ⓗ ~ to V.

[ゆり]

Ⓐ play an essential role in Ⓑ. Ⓒ make it possible Ⓓ for~ to V. For example, Ⓔ have a positive effect on Ⓕ. In fact, Ⓖ help Ⓗ ~ (to) V.

[なみ]

Ⓐ serve as a crucial tool in Ⓑ. Ⓒ allow Ⓓ~ to V. For instance, Ⓔ have a beneficial influence on Ⓕ. In fact, Ⓖ make it easy Ⓗ for~ to V.

[とも]

The important role Ⓐ play in Ⓑ cannot be overestimated. Ⓒ enable Ⓓ ~ to V. For instance, Ⓔ have a positive impact on Ⓕ. In fact, Ⓖ allow Ⓗ ~ to V.

Lesson 4　自分のポジティブテンプレートを作ろう

先生　これでみんなちゃんと選べたかな。じゃあそれを使って「ⒼBBC Learning Englishというアプリのおかげで Ⓗ TOEICリスニングで満点 (a perfect score) が取れた。」を英語にすると？

なみ　うちは「make it easy for~ to V」を選んだから、In fact, Ⓖan iPhone app called BBC Learning English made it easy Ⓗfor me to achieve a perfect score in the listening section of the TOEIC Test.って感じかな。

こうき　「get」じゃなくて「achieve」か。めっちゃ成し遂げた感あるね。

先生　「get」は便利だけど英作文で使いすぎないようにっていうアドバイ

スがちゃんと活かせてるね。素晴らしい。

ゆり 私は「help ~ (to) V」を選んだから、In fact, ⒢an iPhone app called BBC Learning English helped ⒣me obtain a perfect score in the listening section of the TOEIC Test. になるね。

先生 スムーズに言えたね！

こうき 僕は「allow~ to V」を選んだから、In fact, ⒢an iPhone app called BBC Learning English allowed ⒣me to acquire a perfect score in the listening section of the TOEIC Test. になるかな。

先生 良い感じだよ！

とも 俺も「allow~ to V」を選んだけど、少し工夫して、In fact, ⒢the utilization of an Android app called BBC Learning English allowed ⒣me to achieve a perfect score in the listening section of the TOEIC Test. にしました。

先生 おお、攻めてきたね。「the use of ~」「the employment of ~」「the utilization of ~」っていうのは、「～を使うこと」という意味の名詞のカタマリになるよ。それを主語に使ったのはお見事だね。便利なフレーズだからみんなも覚えておこう。「get」だけじゃなくて、「achieve」「obtain」「acquire」を使ってるのもすごく良いよ。

こうき みんな、テンプレートを使うだけじゃなくて、いろいろ工夫しててすごいな。僕もどんどん真似してみよっと。

先生 みんな良い感じになってきたね。こんなふうに「important」「possible」「positive」の「IPP」の表現を覚えておくと、どんどん例をつけ足して、表現的にも内容的にも充実した英作文にしていくことができるんだ。

なみ 先生、この授業でその方法を2つ学習するって言ってましたよね？あともう1つは？

先生 よく覚えてたね。最後に「譲歩逆接」の展開を使って自分のこれまでの意見を強調する方法をつけ加えておこうか。

こうき 「譲歩逆接」って、「SV, but SV.」みたいな展開のことですよね？

先生 その通り。ここまでのテンプレートで、短い英作文には十分対応できるとは思うんだけど、100語以上の英作文を書く必要がある人もい

るし、少し書いてアイデアが湧かずにペンが進まなくなってしまう人もいるから、この「譲歩逆接」の展開をスムーズに英語にできるようにしておくと、本番で大きな武器になるよ。これまで学習してきた内容で、どうやって「譲歩逆接」の展開を作ったら良いかな。

● 意見を強調する「譲歩逆接」

① Ⓐᴬ携帯電話は Ⓑ学生のさまざまな科目の勉強に良い影響を与える。
② Ⓒスマートフォンのアプリは、Ⓓ高校生の英語の勉強に良い影響を与える。
③ ⒺiPhoneのアプリは、Ⓕ私の英語のリスニングの勉強に良い影響を与えてきた。
④ ⒼBBC Learning Englishというアプリのおかげで、ⒽTOEICリスニングで満点が取れた。

先生　これまでこんな「抽象から具体」の流れで英作文を書いてきたんだけど、「ⒼBBC Learning EnglishというアプリのおかげでⒽTOEICリスニングで満点が取れた。」という筆者の主張に対してどんな反論が返ってきそうかな？

こうき　「アプリだけでそういう試験で良い点数が取れるわけじゃないよね？他にも授業とか参考書とかで勉強したからこそ満点が取れたんじゃない？」って感じかなあ。

先生　さすがこうき君だね。そんな感じで相手から返ってきそうな反論を
「譲歩」として書いておくと効果的だよ。Ⓘ、Ⓙ、Ⓚ を埋めて、そ
んな内容を表現するための文をこれまで作ってきたテンプレートに
加えていこうか。まず次の中から、自分で使いたい**「譲歩」のサイン**
を選んでみよう。

先生　上の文はどれも「**確かにSはVではある**」という意味になるよ。後で
逆接することが示せるんだ。この中から自分が使いたいものを選んで
みよう。

ゆり　私は (i) の「Of course, SV.」にしておこうかな。

なみ　うちは (ii)「Certainly, SV.」にしておくね。

こうき　じゃあ僕は (iii) の「To be sure, SV.」にしよっと。

とも 　俺は (iv) の「Admittedly, SV.」にしとくわ。

先生 　そうしたら、今選んだ譲歩のサインの後ろに来る Ⓘ と Ⓙ を埋めるも
のを選んでみよう。

(i) 　Ⓘ may not necessarily mean Ⓙ, which ~

(ii) 　Ⓘ may not always lead to Ⓙ, which ~

(iii) 　Ⓘ may not necessarily result in Ⓙ, which ~

(iv) 　Ⓘ may not guarantee Ⓙ, which ~

*「necessarily」と「always」は原則交換可能

先生 　「A mean B.」「A lead to B.」「A result in B.」「A guarantee B.」
は、「A」が原因、「B」が結果を表す**因果関係**の表現になるんだ。

ゆり 　「guarantee」は「保証する」って意味だから、めっちゃ強い因果関係
があるってことか。。

先生 　うん。あと、「which」は Ⓙ が先行詞の関係代名詞だよ。ここでは「な
ぜならそれは」っていう意味で取ると良いよ。

なみ 　ある意味このwhich節は「because SV」の代わりってことか。

先生 　そうだね。上の文はどれも「Ⓘが Ⓙ を保証するわけではない」、つま
り、「Ⓘだからといって必ずしもⒿになるわけではない」という意味
になるんだ。この中から自分が使いたいものを選んでみよう。

ゆり 　私は (iii) の「Ⓘ may not result in Ⓙ」にしようかな。

なみ 　うちは (ii) の「lead」を使ったやつにしとくね。

こうき 　じゃあ僕は (i) の「mean」を使ったやつにしよっと。

とも 　じゃあ俺は (iv) の「guarantee」を使うわ。

[こうき]

Ⓐ can be important in Ⓑ. Ⓒ help Ⓓ ~ (to) V. For example, Ⓔ benefit Ⓕ. In fact, Ⓖ allow Ⓗ ~ to V. To be sure, Ⓘ may not necessarily mean Ⓙ, which ~.

[ゆり]

Ⓐ play an essential role in Ⓑ. Ⓒ make it possible Ⓓ for~ to V. For example, Ⓔ have a positive effect on Ⓕ. In fact, Ⓖ help ~ (to) Ⓗ V. Of course, Ⓘ may not necessarily result in Ⓙ, which ~.

[なみ]

Ⓐ serve as a crucial tool in Ⓑ. Ⓒ allow Ⓓ ~ to V. For instance, Ⓔ have a beneficial influence on Ⓕ. In fact, Ⓖ make it easy Ⓗ for ~ to V. Certainly, Ⓘ may not always lead to Ⓙ, which ~.

[とも]

The important role Ⓐ play in Ⓑ cannot be overestimated. Ⓒ enable Ⓓ ~ to V. For instance, Ⓔ have a positive impact on Ⓕ. In fact, Ⓖ allow Ⓗ ~ to V. Admittedly, Ⓘ may not guarantee Ⓙ, which ~.

先生　　次はwhichの後にくるVOを選んでみよう。

(i)　call for some other factors,

(ii)　demand some other factors,

(iii)　involve some other factors,

(iv)　depend on some other factors,

(v)　require some other factors,

先生　ここで使われてる動詞はどれも「要求する」って意味になるね。他にも**必要な要素がいっぱいある場合には「some」の代わりに「many」を使ってみよう**。みんなはどれを使いたいかな？

ゆり　私は (i) の「call for」を使ったのにしよっと。最近覚えた熟語だから。「A call for B」って直訳すると「AはBを要求する」って意味だけど、「AするにはBが必要だ」って感じかな。

先生　その通り！　お見事。

こうき　僕は (ii) の「demand」を使ったやつで良いかな。この場合の「demand」って「必要」って感じですよね？　これは覚えやすそう。

先生　そうだね。

なみ　じゃあうちは (iv) の「depend on」にしよう。「A depends on B」で「AはB次第だ」って意味だから、AにとってBは必要不可欠って意味になるんだよね。

とも　俺は (iii) の「involve」にしようかな。

先生　そうしたら最後に Ⓚ の内容を加える部分を次の中から選んでみよう。

(i) like Ⓚ　　　**(ii) such as** Ⓚ　　　**(iii) including** Ⓚ

こうき　僕は (ii) の「such as」で良いかな。

ゆり　私も (ii) の「such as」にしとく。

なみ　じゃあうちは (iii) の「including」にしとくね。

とも　俺はちょっとアレンジして「many other factors, including Ⓚ, to name but a few」にしよう。

先生　お見事。**「to name but a few」は「to name just a few」ともいえ**るね。「少し例を挙げると」っていう意味になるね。

[こうき]

Ⓐ can be important in Ⓑ. Ⓒ help Ⓓ ~ (to) V. For example, Ⓔ benefit Ⓕ. In fact, Ⓖ allow Ⓗ ~ to V. To be sure, Ⓘ may not necessarily mean Ⓙ, which demand some other factors, such as Ⓚ.

[ゆり]

Ⓐ play an essential role in Ⓑ. Ⓒ make it possible Ⓓ for~ to V. For example, Ⓔ have a positive effect on Ⓕ. In fact, Ⓖ help Ⓗ ~ V. Of course, Ⓘ may not necessarily result in Ⓙ, which call for some other factors, such as Ⓚ.

[なみ]

Ⓐ serve as a crucial tool in Ⓑ. Ⓒ allow Ⓓ ~ to V. For instance, Ⓔ have a beneficial influence on Ⓕ. In fact, Ⓖ make it easy Ⓗ for~ to V. Certainly, Ⓘ may not always lead to Ⓙ, which depend on some other factors, including Ⓚ.

[とも]

The important role Ⓐ play in Ⓑ cannot be overestimated. Ⓒ enable Ⓓ ~ to V. For instance, Ⓔ have a positive impact on Ⓕ. In fact, Ⓖ allow Ⓗ ~ to V. Admittedly, Ⓘ may not guarantee Ⓙ, which involve many other factors, including Ⓚ, to name but a few.

先生　これで譲歩のところまでのテンプレートが完成したね。そうしたら、Ⓘ からⓀの空所を埋めていってみよう。

⑤ ①そのようなアプリだけで ①英語の試験で良い点数が取れる わけではなく、他にも Ⓚ授業や参考書のようないろいろな ものが必要になってくる。

先生　今できたテンプレートに①からⓀの内容を入れるとどうなるかな？

ゆり　私の「Of course, ① may not necessarily result in ①, which call for some other factors, such as Ⓚ.」っていうのに当てはめると、Of course, ①such apps may not necessarily result in ①high scores on English exams, which call for some other factors, such as Ⓚtaking classes and reading reference books.って感じになる。

先生　良いね！　「which」は「high scores」が先行詞になってるね。

こうき　僕の「To be sure, ① may not necessarily mean ①, which demand some other factors, such as Ⓚ.」っていう型に当てはめると、To be sure, ①such smartphone apps may not necessarily mean ①high scores on English exams, which demand some other factors, such as Ⓚtaking classes and reading reference books.って感じになるね。

先生　スムーズにテンプレートを使って英語にできたね。バッチリだよ！

こうき　良かった！　ありがとうございます！

なみ　うちのは「Certainly, ① may not always lead to ①, which depend on some other factors, including Ⓚ.」だから、Certainly, ①such educational smartphone apps may not always lead to ①high scores on important English exams, which depend on some other factors, including Ⓚtaking classes and reading reference books.って感じにしてみたよ。

こうき　「educational」とか「important」みたいな形容詞を足して、工夫してるね。

とも　俺のは「Admittedly, ① may not guarantee ①, which involve many other factors, including Ⓚ, to name but a few.」だ

から、Admittedly, ⓘthe employment of such educational smartphone apps may not guarantee ⓙhigh scores on English exams, which involve many other factors, including ⓚtaking classes and reading reference books.って感じかな。

こうき　期待通りすごいのが出てきたね。

先生　そうだね。「the employment of」を使ったのも上手だね。「the use of ~」「the employment of ~」「the utilization of ~」は「~を使うこと」という意味の名詞のカタマリになるんだったね。

ゆり　私なら「using」を使いそう。

先生　そうだね。「~を使うと」っていうのは英作文で使用頻度が高いから、覚えておくと役に立つよ。これで⑤の譲歩のところまでのテンプレートが完成したね。ここで終わってしまうと今までの主張と矛盾することを言っただけになるよね。だから、「ⓘそのようなアプリだけで ⓙ英語の試験で良い点数が取れるわけではなく、他にも ⓚ授業や参考書のようないろいろなものが必要になってくる。」を打ち消す逆接の内容を⑥として加えることで、これまでの自分の主張を強調する必要があるんだよ。

こうき　どうしたら、うまく逆接して強調できるんですか？

先生　いくつかあるけど、**「仮定法」を使うのが効果的**だよ。次の文を見てみよう。

①Takeshi greatly contributed to our project.
②Without his help, it would have ended in failure.

先生　①と②ってどんな関係かな？

こうき　①は「タケシは私たちのプロジェクトに大いに貢献してくれた。」、②は「彼が手伝ってくれなかったら、それは失敗に終わっていたであろう。」ってことですよね？

先生　そうだね。

なみ　「彼が手伝ってくれなかったら、それは失敗に終わっていたであろ

う。」ってことは、「彼の貢献がそれだけ大きかった」ってことになる。

先生　その通り。

とも　だから②は①の内容を強調してるっていえるってことね。

先生　お見事。こんなふうに仮定法っていうのは、言いたいことを強めるときによく使われるんだよ。「俺がシュート外したから負けちゃったな。**あれ決めてたら勝ってたのにな。**」みたいな感じだね。

ゆり　なるほど。

先生　だから、**段落の最後に自分の主張を効果的に強めるために仮定法を使ってみる**のがオススメなんだ。仮定法は難しい文法だから表現点を高めることにもつながるよ。

こうき　なるほど！

先生　さっきの段落の内容を思い出してみよう。

---

① Ⓐ携帯電話は Ⓑ学生のさまざまな科目の勉強に良い影響を与える。

② Ⓒスマートフォンのアプリは、Ⓓ高校生の英語の勉強に良い影響を与える。

③ ⒺiPhone のアプリは、Ⓕ私の英語のリスニングの勉強に良い影響を与えてきた。

④ ⒼBBC Learning English というアプリのおかげで、Ⓗ TOEIC リスニングで満点が取れた。

⑤ Ⓘそのようなアプリだけで Ⓙ英語の試験で良い点数が取れるわけではなく、他にも Ⓚ授業や参考書のようないろいろなものが必要になってくる。

⑥ しかし……。

先生　⑥の後にどんな文を続けられるかな？

ゆり　仮定法を使って強調するってことですよね？

先生　そうだね。

ゆり　「しかし iPhone がなかったら、そんな点数は取れなかっただろうに」みたいな内容を書けば良いってことですか？

とも　③の内容を仮定法で表現する感じでも良いと思うな。例えば、「しか

しそのような勉強に役立つアプリがなかったら、そこまで英語力を高めることはできなかっただろう。」なんてどうかな。

先生　良いね。じゃあそれを英語にしてみようか。

---

① Ⓐ携帯電話は Ⓑ学生のさまざまな科目の勉強に良い影響を与える。

② Ⓒスマートフォンのアプリは、Ⓓ高校生の英語の勉強に良い影響を与える。

③ ⒺiPhoneのアプリは、Ⓕ私の英語のリスニングの勉強に良い影響を与えてきた。

④ ⒼBBC Learning Englishというアプリのおかげで、ⒽTOEICリスニングで満点が取れた。

⑤ Ⓘそのようなアプリだけで Ⓙ英語の試験で良い点数が取れるわけではなく、他にも授業や参考書のようないろいろなものが必要になってくる。

⑥ しかしそのような Ⓚ勉強に役立つアプリがなかったら、Ⓜそこまで英語力を高めることはできなかっただろう。

先生　この⑥の内容を、仮定法を使って英語にするとどうなるかな?

こうき　仮定法って難しいから、自信を持って書けないんだよなあ。

先生　確かにそうだね。スムーズに書きにくい場合にはこれを覚えておくと良いよ。

〈現在のことを仮定する場合〉

➡ However, without Ⓛ, it would be 形容詞 Ⓜ for~ to V.

〈過去のことを仮定する場合〉

➡ However, without Ⓛ, it would have been 形容詞 Ⓜ for~ to V.

＊ⓁにはⒺやⒼ、ⓂにはⒻやⒽの内容が入る。

先生	こんな仮定法を使って⑥の内容を英語にするとどうなる？
ゆり	However, without my iPhone apps, it would have been impossible for me to improve my English listening skills as much.って感じかな？
先生	お見事！　「そんなに」っていう意味の「as much」を「to such a great extent」とか「to such a great degree」にすることもできるよ。
なみ	「impossible」だと強すぎるかなと思ったら、「hard」とか「difficult」を使ってみるのも良いかも。
先生	それを使うとどうなる？
なみ	However, without my iPhone apps, it would have been difficult for me to improve my English listening skills as much.って感じになる。
先生	良いね！　「would」以外にも「could」や「might」のような助動詞も使えるよ。
とも	そうすると「できるのに」とか「かもしれない」っていう感じになる。
先生	その通り。
なみ	あと「現在〜がなかったら」っていう内容なら、「If it were not for~」を使うのもありだと思う。
とも	「過去に〜がなかったら」っていう内容なら「If it had not been for~」っていえる。
先生	そうだね。文法の授業で学習したことをライティングに取り入れていくのはすごく大切なことだよ。
ゆり	倒置にするのもありかな？　「if it were not for~」なら「were it not for~」っていえる。
こうき	「if it had not been for~」なら「had it not been for~」っていえるってことか。
先生	その通り。この中から選んで、自分のテンプレートに加えておくと良いよ。「if SV」の仮定法を使う場合には、時制に気をつけようね。**「現在のことは過去形で仮定」**、**「過去のことは過去完了形で仮定」する**んだよ。
こうき	僕は間違えそうだからおとなしく「without」にしとこうかな。
ゆり	私も「without」にしとく。覚えやすいから。

とも　　俺は攻めたいから倒置のやつを使ってみることにするわ。

なみ　　うちは「if it were not for」にしとく。

● 完成テンプレートと英作文のチェック

こうきの完成テンプレート

Ⓐ can be important in Ⓑ. Ⓒ help Ⓓ ~ (to) V. For example, Ⓔ benefit Ⓕ. In fact, Ⓖ allow Ⓗ ~ to V. To be sure, Ⓘ may not necessarily mean Ⓙ, which demand some other factors, such as Ⓚ. However, without Ⓛ, it would be 形容詞 Ⓜ for~ to V. (過去のことを仮定している場合には it would have been 形容詞 for~ to V)

こうきの完成英作文

ⒶCellphones can be important in Ⓑstudying many subjects. ⒸSmartphone apps help Ⓓhigh school students learn English effectively. For example, Ⓔmy iPhone apps have benefited Ⓕmy English listening skills. In fact, Ⓖan iPhone app called BBC Learning English allowed Ⓗme to get a perfect score in the listening section of the TOEIC Test. To be sure, Ⓘthose smartphone apps may not necessarily mean Ⓙhigh scores on English exams, which demand some other factors, such as Ⓚtaking classes and reading reference books. However, without Ⓛmy iPhone apps, it would have been impossible Ⓜfor me to improve my English listening skills as much. (100 words)

ベースの和訳（文章の構成）
①携帯電話は学生のさまざまな科目の勉強において重要である。
②スマートフォンのアプリのおかげで、高校生は効率的に英語を学習できる。
③iPhoneのアプリは、私の英語のリスニングの勉強に良い影響を与えてきた。

ゆりの完成テンプレート

Ⓐ play an essential role in Ⓑ. Ⓒ make it possible Ⓓ for~ to V. Ⓔ have a positive effect on Ⓕ. In fact, Ⓖ help Ⓗ ~ (to) V. Of course, Ⓘ may not necessarily result in Ⓙ, which call for some other factors, such as Ⓚ. However, without Ⓛ, it would be 形容詞 Ⓜ for~ to V. (過去のことを仮定している場合 には it would have been 形容詞 for~ to V)

ゆりの完成英作文

ⒶCellphones can play an essential role in Ⓑstudying many subjects. ⒸSmartphone apps make it possible Ⓓfor high school students to learn English effectively. For instance, Ⓔmy iPhone apps have had a positive effect on Ⓕmy English listening skills. In fact, Ⓖan iPhone app called BBC Learning English helped Ⓗme obtain a perfect score in the listening section of the TOEIC Test. Of course, Ⓘthose smartphone apps may not necessarily result in Ⓙhigh scores on English exams, which call for some other factors, such as Ⓚtaking classes and reading reference books. However, without Ⓛthose educational smartphone apps, it would have been difficult Ⓜfor me to improve my English as much. (109 words)

④BBC Learning Englishというアプリのおかげで、TOEICリスニングで満点が取れた。
⑤そのようなアプリだけで英語の試験で良い点数が取れるわけではなく、他にも授業や参考書のようないろいろなものが必要になってくる。
⑥しかしそのような勉強に役立つアプリがなかったら、そこまで英語力を高めることはできなかっただろう。

Ⓐ serve as a crucial tool in Ⓑ. Ⓒ allow Ⓓ ~ to V. For instance, Ⓔ have a beneficial influence on Ⓕ. In fact, Ⓖ make it easy Ⓗ for~ to V. Certainly, Ⓘ may not always lead to Ⓙ, which depend on some other factors, including Ⓚ. However, *if it were not for Ⓛ , it would be 形容詞 Ⓜ for~ to V.

*過去のことを仮定している場合には「However, if it had not been for Ⓛ , it would have been 形容詞 M for~ to V.」にする。

ⒶCellphones can serve as a crucial tool in Ⓑstudying a wide variety of subjects. ⒸSmartphone apps allow Ⓓhigh school students to learn English in an effective manner. For instance, Ⓔmy iPhone apps have had a beneficial influence on Ⓕmy English listening skills. In fact, Ⓖan iPhone app called BBC Learning English made it easy Ⓗfor me to achieve a perfect score in the listening section of the TOEIC Test. Certainly, Ⓘthose educational apps may not always lead to Ⓙhigh scores on important English exams, which depend on some other factors, including Ⓚtaking classes and reading reference books. However, if it had not been for Ⓛthose educational apps, it would have been difficult Ⓜfor me to improve my English to such a great extent. (123 words)

ベースの和訳（文章の構成）
①携帯電話は学生のさまざまな科目の勉強において重要である。
②スマートフォンのアプリのおかげで、高校生は効率的に英語を学習できる。
③iPhoneのアプリは、私の英語のリスニングの勉強に良い影響を与えてきた。

ともの完成テンプレート

The important role Ⓐ play in Ⓑ cannot be overestimated. Ⓒ enable Ⓓ ~ to V. Ⓔ have a positive impact on Ⓕ. In fact, Ⓖ allow Ⓗ ~ to V. Admittedly, Ⓘ may not guarantee Ⓙ, which involve many other factors, including Ⓚ, to name but a few. However, *were it not for Ⓛ, it would be 形容詞 Ⓜ for~ to V.

＊過去のことを仮定している場合には「had it not been for Ⓛ, it would have been 形容詞 Ⓜ for~ to V.」にする。

ともの完成英作文

The important role Ⓐcellphones can play in Ⓑstudying various subjects cannot be overestimated. ⒸSmartphone apps enable high school students to Ⓓlearn English in an efficient way. For instance, Ⓔmy Android apps have had a positive impact on Ⓕmy English listening comprehension skills. In fact, Ⓖthe utilization of an Android app called BBC Learning English allowed Ⓗme to achieve a perfect score in the listening section of the TOEIC Test. Admittedly, Ⓘthe employment of those educational smartphone apps may not guarantee Ⓙhigh scores on English exams, which involve many other factors, including Ⓚtaking classes and reading reference books, to name but a few. However, had it not been for Ⓛthose educational smartphone apps, it would have been difficult Ⓜfor me to improve my English to such a great degree. (128 words)

④BBC Learning Englishというアプリのおかげで、TOEICリスニングで満点が取れた。
⑤そのようなアプリだけで英語の試験で良い点数が取れるわけではなく、他にも授業や参考書のようないろいろなものが必要になってくる。
⑥しかしそのような勉強に役立つアプリがなかったら、そこまで英語力を高めることはできなかっただろう。

先生	これでベースになるテンプレートは完成したよ。読み手の反論まで想定した説得力のある英作文が書けるようになってきたね。
こうき	自信がついてきました！
先生	みんな頑張っててえらいよ！
なみ	ありがとうございます！
先生	その調子で頑張ろうね。次のレッスンからは、ネガティブな内容をスムーズに表現するための表現を学んでいくよ。
ゆり	なんか難しそう。
先生	大丈夫！「important」「possible」「positive」っていう3種類の表現を覚えていれば、その延長線上にある「impossible」と「negative」の表現は覚えやすいはずだから。それじゃあ、Lesson 4はここまでにしておこう。

ネガティブな意見を
展開する

ポジティブで対応できないときはコレ!

ネガティブな意見を展開する

ポジティブで対応できないときはコレ！

┤ Lesson 5のポイント ├

Lesson 3では「important」「possible」「positive」系の「IPP」の表現を学習しました。Lesson 4ではポジティブな内容の段落をスムーズに書くためのオリジナルテンプレートを作りました。しかし自由英作文ではポジティブな内容だけでなく、ネガティブな内容を書くことが必要な場面もあります。例えば「環境破壊」のような入試で頻出のトピックについて書くためには、「impossible」や「negative」といったような表現を使いこなせるようになっておく必要があります。そこでこのLesson 5で「impossible」系や「negative」系の表現をたくさん学び、Lesson 6でそれを使ったオリジナルテンプレートを作成していきます。一緒に頑張りましょう！

◎ 「impossible／negative」系の表現

先生　それじゃあ、Lesson 5の授業を始めよう。Lesson 3で「important」「possible」「positive」系の3種類の表現をいろいろ学習してLesson 4でそれを使ってオリジナルテンプレートを作ったね。

こうき　良い感じのテンプレートができたと思います！

先生　みんな頑張ったよね。Lesson 5は、その反対、つまり**「impossible」系と「negative」系の表現**を学習していくよ。

なみ　自由英作文でネガティブな内容を書かなきゃいけないことってあるもんね。スマホの悪影響とか。

先生　そうだね。だからLesson 5でたくさんネガティブな表現を学習して、

Lesson 6でオリジナルテンプレートを作っていくよ。

とも　　わかりました！

先生　　楽しみにしててね！　それじゃあ次のトピックについて考えてみよう。

例題

以下のトピックに対して、あなたの考えを英語で書きなさい。

トピック：携帯電話は学生に悪影響だ。

先生　　このトピックに賛成するエッセイを書くとしたら、どんなふうに段落を作ったら良いかな？

とも　　「携帯電話」と「学生への悪影響」っていうのを具体化しないとね。

先生　　その通り。じゃあどうやって具体化する？

ゆり　　「携帯電話→スマホのアプリ→iPhoneのアプリ→iPhoneのゲームのアプリ」みたいな。

先生　　そうだったね。じゃあ「学生への悪影響」を具体化すると？

こうき　「学生への悪影響→高校生が勉強に集中できない→高校3年生が大学受験勉強に集中できない→私の兄は第一志望の大学の受験勉強に集中できなかった」

とも　　まあまあだな。

こうき　「抽象から具体」はけっこうスムーズにできるようになってきた気がするんだよね。

---

① ⒜携帯電話は ⒝学生に悪影響だ。

② ⒞スマホのアプリのせいで ⒟高校生は勉強に集中できない。

③ ⒠iPhoneのアプリのせいで ⒡高校3年生は大学受験勉強に集中できない。

④ ⒢iPhoneのゲームのアプリのせいで ⒣兄は第一志望の大学の入試ための勉強に集中できなかった。

先生	すごく良いよ。その流れさえ作れれば、これから学習する表現を使うことで、英語でスムーズに段落が作れるようになるからね。
こうき	でもまたいろいろ覚えるのって大変だなあ。
先生	そんなことはないよ。これまでのLessonで学習した**「possible」「positive」**系の表現を活用すると、暗記の負担はかなり減るよ。それじゃあまず①の「Ⓐ携帯電話はⒷ学生に悪影響だ。」を英語にしてみようか。

● ポジティブの "逆" を考える

ゆり	これは英語にしやすいかも。
先生	どうしてかな？
ゆり	前の授業で習った「have a good effect on」っていうのの逆を書けば良いだけだから、「have a bad effect on」っていうのが使えると思って。
先生	その通りだね。それを使って①の「Ⓐ携帯電話はⒷ学生に悪影響だ。」を英語にするとどうなるかな？
ゆり	ⒶCellphones can have a bad effect on Ⓑstudents.って感じかな。
こうき	おお、「can」をつけたんだね。僕と一緒だ。
ゆり	**「can have」にすると「そういう可能性がある」って意味が加えられる**から、良い感じになるよね。
先生	その通り！
とも	「effect」の類義語に「influence」とか「impact」があったな。
こうき	「impact」だと影響めっちゃデカいって感じ。
先生	「have a good effect on」の「good」を他の形容詞にしたように、「have a bad effect on」の「bad」をもっとレベルの高い形容詞に書き換えられるかな？
こうき	あ、わかった！ 「good」を「positive」にした感じで、「bad」を「negative」にしちゃえば良いんだ！ ⒶCellphones can have a negative effect on Ⓑstudents.ってことね。
ゆり	確かに先生が言ってたみたいに、前のレッスンでやったことを覚えてると書きやすくなるね。

先生　お見事！　最低限の暗記をすれば良いように工夫してるから、きちんと覚えておこうね。「negative」以外にはどんな形容詞が使えるかな？

こうき　全然思いつかないなあ。

とも　「harmful」とか使えますか？　[Ⓐ]Cellphones can have a harmful effect on [Ⓑ]students.とか。

先生　おお、良いね！　そのくらいかな？　他にある人いるかな？

ゆり　英検の勉強してるときに「adverse」っていう単語が出てきたんですけど、使えますか？　[Ⓐ]Cellphones can have an adverse effect on [Ⓑ]students.にすると良いかな。

先生　「adverse」という形容詞と、「effect」という名詞は相性ばっちりだよ！　他にも「detrimental」なんていう難しい単語もあるから、覚えておくと良いかもしれないね。あと「effect」の類義語の「influence」や「impact」と組み合わせるとさらに表現の幅が広がるね。まとめておくよ。

携帯電話は学生に悪影響だ。

□ Cellphones can have { a bad / a negative / a harmful / an adverse / a detrimental } { effect / influence / impact } on students.

こうき　全部覚えるのは厳しいなあ。

先生　覚えておくに越したことはないけど、「positive」系と同じように、次の授業で「negative」系のオリジナルテンプレートを作っていくから心配いらないよ。

こうき　それなら安心ですね！

先生　これで「携帯電話は学生に悪影響だ。」を英語にできたね。次は「[Ⓒ]スマホのアプリのせいで[Ⓓ]高校生は勉強に集中できない。」を英語

にしていこう。

こうき　あ、なんかわかったかも。

先生　どんな表現を使ったら良いかな？

こうき　「make」を使えば良いと思う。「できる」っていう内容は「make it possible for~ to V」って書けば良かった。ってことは「できない」っていう内容だったら、「possible」じゃなくて「impossible」を使えば良いってこと。

先生　その通りだね。「easy」の反対なら「hard」と「difficult」を使おう。

表現CHECK

☑ **S make it possible for~ to V.**
S は〜が V するのを可能にする。 ➡ S のおかげで〜は V できる。

☑ **S make it impossible for~ to V.**
S は〜が V するのを不可能にする。 ➡ S のせいで〜は V できない。

先生　じゃあこれを使って「◎スマホのアプリのせいで ◎高校生は勉強に集中できない。」を英語にするとどうなるかな？

こうき　◎Smartphone apps can make it impossible for ◎high school students to concentrate on their studies.って感じかな。

先生　お見事！　もちろん「their studying」でも大丈夫だけど、「studies」っていう名詞を使ったのも良い感じだよ。

ゆり　「can make」にしてるのも良いよね。

先生　そうだね。**「can make」にすると「そういうこともありえる」っていうニュアンスが加わる**んだったね。他にはどんな言い方ができるかな？

ゆり　「impossible」を「hard」とか「difficult」にすると意味が弱まりますよね。◎Smartphone apps can make it hard for ◎high school students to concentrate on their studies.とか、◎Smartphone apps can make it difficult for ◎high school students to concentrate on their studies.とか。

先生　そうだね。「できない」より「難しい」の方が意味が弱いからね。

スマホのアプリのせいで高校生は勉強に集中できない。

□ Smartphone apps can make it

$$\left.\begin{array}{l} \text{impossible} \\ \text{hard} \\ \text{difficult} \end{array}\right\}$$

for high school students to concentrate on their studies.

＊「impossible」を「hard」や「difficult」にするとニュアンスが弱まる。

先生　他にあるかな？

ゆり　「make it possible for~ to V」を「enable~ to V」にしたみたいに、「make」を使わずに言ってみるってことですか？

先生　そうだね。どんな言い方ができるかな？

とも　わかったかも。

なみ　うちも。「prevent」だ！

先生　そうだね。それを使って「©スマホのアプリのせいで ©高校生は勉強に集中できない。」を英語にするとどうなる？

こうき　Smartphone apps can prevent high school students to concentrate on their studies.ってことか。けっこう簡単だね。

ゆり　こうき君……。

こうき　え、うそ！　何か間違えたかな？

先生　「prevent~ to V」っていう言い方はできないんだ。「prevent」は「妨げる」っていう意味の動詞だね。その意味の動詞の後ろは「to V」じゃなくて「from V-ing」になることが多いんだよ。

とも　だから©Smartphone apps can prevent ©high school students from concentrating on their studies.になるってことな。

先生　その通り。他に「prevent」と同じように使える動詞はあるかな？

ゆり　「keep」とか「stop」が使えると思う。

こうき　これも「keep~ from V-ing」とか「stop~ from V-ing」になるってこ

125

とですか？

先生　そうだね。「prevent」より簡単な単語だから覚えやすいね。
　　　他に「©スマホのアプリのせいで ©高校生は勉強に集中できない。」
　　　という内容を英語にする方法はあるかな？

ゆり　もう思いつかないなあ。

とも　「possible」系と「positive」系の表現で交換できたじゃないです
　　　か？　ってことは、**「impossible」系と「negative」系も交換でき**
　　　るってことになりますよね。

先生　その通り！

ゆり　あ、そういうことか。だから、「make it impossible for~ to V」や
　　　「prevent~ from V-ing」は、「have a negative effect on~」と交換
　　　できるってことだ。

先生　そうだね！

POINT

「negative」系の「have a negative effect on~」などの表現は、
「prevent~ from V-ing」などの「impossible」系と交換可能。

先生　これまで「©スマホのアプリのせいで ©高校生は勉強に集中できな
　　　い。」を、「make it impossible for~ to V」とか「prevent~ from
　　　V-ing」を使って英語にしてきたね。同じ内容を「have a negative
　　　effect on」を使って表現するとどうなるかな？

なみ　「スマホのアプリは高校生の勉強への集中に悪影響を与える。」って
　　　書けば大体同じ内容を表現できるってことですよね？

先生　その通り！

なみ　ってことは、©Smartphone apps can have a negative effect on
　　　©high school students' concentration on their studies. みたいな
　　　感じにすれば良いってことか。

先生　お見事！　「concentrate」の名詞形の「concentration」をうまく
　　　使って書けたね。

とも　もちろん©Smartphone apps can negatively affect ©high school

students' concentration on their studies.って書くこともできる。

先生　その通り！　「a negative effect」は「形容詞＋名詞」、「negatively affect」は「副詞＋動詞」になってるね。「affect」は他動詞だから目的語の前に「on」は必要ないよ。「negatively」に加えて「adversely」も覚えておくと便利だね。

スマホのアプリのせいで高校生は勉強に集中できない。

☐ Smartphone apps can make it impossible for high school students to concentrate on their studies.

☐ Smartphone apps

$$\left\{ \begin{array}{l} \text{can prevent} \\ \text{can keep} \\ \text{can stop} \end{array} \right\}$$

high school students from concentrating on their studies.

☐ Smartphone apps

$$\left\{ \begin{array}{l} \text{can have a negative effect on} \\ \text{can negatively affect} \end{array} \right\}$$

high school students' concentration on their studies.

先生　これで「©スマホのアプリのせいで ®高校生は勉強に集中できない。」を「impossible」系と「negative」系の2通りの表現を使って英語にできたね。

こうき　「possible」と「positive」の表現と似てるから覚えやすいかも。

先生　何度も口に出して考えなくても言えるようにしておこう。そうすれば間違いなく英作文で使えるようになるからね。

ゆり　頑張ります！　スピーキングの力もつきそう！

先生　そうしたら、次は「©iPhoneアプリのせいで ®高校3年生は大学受験勉強に集中できない。」を英語にしていこう。

127

とも　この文も、「negative」系と「impossible」系の両方を使って英語にできるっていうことですよね？

先生　そうだね。

とも　そうすると、^EiPhone apps can have a negative effect on ^Fhigh school seniors preparing for their university entrance exams. みたいな感じで良いってことか。

先生　そうだね。また次のレッスンでテンプレートを作っていくときに出てくるけど、「harmful」「adverse」「negative」以外にもたくさんの形容詞を使うことができるんだったよね。

こうき　「～を準備する」っていう意味の「prepare for ~」をここで使ってきたのもさすがだね。

---

iPhoneのアプリのせいで高校3年生は大学受験勉強に集中できない。

□ **iPhone apps can have a negative effect on high school seniors preparing for their university entrance exams.**

● ネガティブなテンプレートのための表現開発

先生　そうしたら今度は、同じ「^EiPhoneのアプリのせいで ^F高校3年生は大学受験勉強に集中できない。」を、「impossible」系の表現を使って英語にしてみようか。

こうき　^EiPhone apps can make it difficult for ^Fhigh school seniors to concentrate on their studies for their university entrance exams.って感じかな？

先生　すごくスムーズに言えるようになってきたね！

なみ　もちろん「prevent」とかを使って、^EiPhone apps can prevent ^Fhigh school seniors from concentrating on their studies for their university entrance exams.っていう言い方もできるよね。

先生　そうだね。「prevent」の他に「stop」とか「keep」を使うこともできるんだったね。

---

iPhone のアプリのせいで高校 3 年生は大学受験勉強に集中できない。

☐ iPhone apps

{ can make it difficult for high school seniors to concentrate
  can prevent high school seniors from concentrating }

on their studies for their university entrance exams.

先生　これで③の「⑤iPhone のアプリのせいで ⑥高校 3 年生は大学受験勉強に集中できない。」を「negative」系と「impossible」系の 2 通りの表現を使って英語にすることができたね。

なみ　ここまでは「positive」と「possible」を応用した感じだったから覚えやすかったな。他にもっとないのかな？

こうき　僕はもうこの辺にしといても良いと思うんだけど。

先生　すごく便利な表現があるから紹介しておこう。

とも　どんな表現ですか？

先生　「rob」っていう動詞を使うんだ。

ゆり　「奪う」っていう意味の動詞ですよね？

先生　そうだね。どうやったら「rob」っていう動詞を使って③の「⑤iPhone があると ⑥高校 3 年生は大学受験勉強に集中できない。」を表現できるかな？

なみ　「rob A of B」で「A から B を奪う」っていう意味になるんですよね？

先生　そうだね。

こうき　あ、わかった！　「iPhone が高校 3 年生から集中を奪う」って考えれば良いんじゃない？　それって「iPhone のせいで高校 3 年生は勉強に集中できない」っていう意味になるってことだ！

先生　その通り。そんな感じで「rob」やその類義語の「deprive」を使って「impossible」系の内容を英語にすることができるんだ。次の文を見てみようか。

Poverty robbed [deprived] him of a formal education.

先生　　これを和訳するとどうなる？

ゆり　　「貧困が彼から学校教育を奪った。」になる。

先生　　その通り。これは「彼は貧しくて学校に行けなかった。」っていう意味だよね。大抵の人がその内容なら「He was poor, so he couldn't go to school.」みたいな英語にするんじゃないかな。

こうき　　僕なら間違いなくそうしてたと思う。

先生　　直訳は「SはAからBを奪う」になるけど、「can't」を使わずに「SのせいでAはBできない」を表現する方法の1つだって覚えておくと英作文で使えると思うよ。

表現CHECK

☑ **S rob [deprive] A of B.**
SはAからBを奪う。 ➡ **SのせいでAはBできない。**

なみ　　だから「⒠iPhoneのアプリのせいで⒡高校3年生は大学受験勉強に集中できない。」は、「rob」や「deprive」っていう動詞を使って、「iPhoneのアプリが高校生から大学受験勉強への集中を奪う」って感じで表現できるってことね。面白い。

先生　　それじゃあ実際にその内容を「rob」や「deprive」を使って英語にしてみようか。

とも　　「rob」なら⒠iPhone apps can rob high school seniors of their concentration on their studies for their university entrance exams.になる。

こうき　　「deprive」なら⒠iPhone apps can deprive high school seniors of their concentration on their studies for their university entrance exams.になるね。

先生　　ふたりともお見事！

iPhoneのアプリのせいで高校3年生は大学受験勉強に集中できない。

□ iPhone apps
{ can rob high school seniors
{ can deprive high school seniors
of their concentration on their studies for their university entrance exams.

先生　これで「impossible」系の表現に「rob」と「deprive」が加わったね。そうしたら、次は「^⑥iPhoneのゲームのアプリのせいで ^⑪兄は第一志望の大学の入試のための勉強に集中できなかった。」を英語にしていこうか。

こうき　「negative」と「impossible」の2種類の表現を使って表現できますよね。

なみ　「rob」と「deprive」を使って書くこともできるね。

先生　そうだね。じゃあまずは「negative」系の表現を使って「^⑥iPhoneのゲームのアプリのせいで ^⑪兄は第一志望の大学の入試のための勉強に集中できなかった。」を英語にしてみようか。

ゆり　^⑥iPhone games had a negative effect on ^⑪my brother's studies for the entrance exam to his first-choice university.って感じかな。

とも　^⑥iPhone games negatively affected ^⑪my brother's studies for the entrance exam to his first-choice university.っていう言い方もできるよね。

こうき　「第一志望の大学」って「first-choice university」っていうんだね。

先生　そうだよ。ちなみに「滑り止めの大学」は「second-choice university」っていうんだ。アメリカだと「safety school」ともいうよ。

なみ　「safety」って余裕で入れる感じがめっちゃ出てるね。あと、Addiction to ^⑥iPhone games had an adverse effect on ^⑪my brother's studies for the entrance exam to his first-choice university.って

感じにしたら面白いかな。

先生　素晴らしいね。「addiction to iPhone games」で「iPhoneゲームの中毒になってしまったこと」っていう意味の名詞のカタマリになるね。そんな**名詞のカタマリを主語にするのは高等テクニック**だよ。

ゆり　「a negative effect」を「an adverse effect」にしたのも良い感じ。

とも　もう1つ思いついた！　「have an adverse effect on」を「adversely affect」にするもの面白いよね。

先生　よく覚えてたね。「effect」は名詞、「affect」は動詞だから、前者には「adverse」っていう形容詞、後者には「adversely」っていう副詞がつくね。それを使って「⑥iPhoneのゲームのアプリのせいで⑪兄は第一志望の大学の入試のための勉強に集中できなかった。」を英語にするとどうなる？

とも　Addiction to ⑥iPhone games adversely affected ⑪my brother's studies for the entrance exam to his first-choice university. になる。

先生　その通り！

〈「negative」系の表現〉
⑥iPhoneのゲームのアプリのせいで⑪兄は第一志望の大学の入試のための勉強に集中できなかった。

☐ **iPhone games had a negative effect on my brother's studies for the entrance exam to his first-choice university.**

☐ **Addiction to iPhone games**
$\left\{ \begin{array}{l} \textbf{had an adverse effect on} \\ \textbf{adversely affected} \end{array} \right\}$
my brother's studies for the entrance exam to his first-choice university.

先生　これで「negative」系の表現は出そろったかな。次は、「impossible」系の表現を使って、「iPhoneのゲームのアプリのせいで兄は第一志

望の大学の入試のための勉強に集中できなかった。」を英語にしてみよう。

ゆり　Addiction to ⓖiPhone games made it impossible for ⓗmy brother to focus on studying for the entrance exam to his first-choice university.って感じかな。

こうき　もちろん Addiction to ⓖiPhone games prevented ⓗmy brother from focusing on studying for the entrance exam to his first-choice university. でも良いよね。

先生　その通り！　「concentrate」の類義語の「focus」を使ったのも素晴らしいね。言い換えにチャレンジする姿勢は大事だね。

こうき　ゆりちゃんのを真似しただけですけど。

先生　良い表現はどんどん真似していこう！　他にどんな言い換えができるかな？

とも　「rob」とか「deprive」を使う方法がある。「iPhoneのゲームが兄から集中を奪った」って感じの英語にできますよね。

先生　それを使って「ⓖiPhoneのゲームのアプリのせいでⓗ兄は第一志望の大学の入試のための勉強に集中できなかった。」を英語にするとどうなるかな？

とも　Addiction to ⓖiPhone games deprived ⓗmy brother of his focus on his studies for the entrance exam to his first-choice university.って感じになる。

〈「impossible」系の表現〉
iPhoneのゲームのアプリのせいで兄は第一志望の大学の入試のための勉強に集中できなかった。

□ Addiction to iPhone games
{
made it impossible for my brother to focus
prevented my brother from focusing
deprived my brother of his focus
}
on his studies for the entrance exam to his first-choice university.

先生　他に「negative」系や「impossible」系の内容に書き換える方法はあるかな？

とも　さすがに思いつかないかも。

ゆり　私も限界かな。

なみ　まだ他にあるのかな？

こうき　合ってるかどうかわかんないんだけど、思いついたかも。

とも　マジで？

こうき　うん。春期講習のリーディングのテキストで、環境問題の話が出てきたじゃん？　あそこで「interfere with」って出てきたよね？「interfere with」で「邪魔する」って意味だからさ、「negatively affect」みたいな「negative」系とか、「prevent~ from V-ing」みたいな「impossible」系と交換できそうな気がしたんだよね。

なみ　なるほど！　こうき君すごいじゃん！

こうき　まあね！

先生　お見事！　「interfere with」は「邪魔する」っていう意味だから、「A interfere with B.」の直訳は「AはBの邪魔をする。」だよね。

とも　だから「AはBに悪影響を与える」っていう意味の「negative」系と、「AがBを妨げる」っていう意味の「impossible」系と原則交換可能ってことになる。

「interfere with」は「negative」系の内容や「impossible」系の内容の表現と原則交換可能。

先生　じゃあ「interfere with」を使って、「iPhoneのゲームのアプリのせいで兄は第一志望の大学の入試のための勉強に集中できなかった。」を英語にするとどうなるかな？

ゆり　Addiction to ⒼiPhone games interfered with Ⓗmy brother's studies for the entrance exam to his first-choice university.ってことか。

とも　「スマホ中毒が勉強の邪魔になった」ってことだな。

先生　その通り。

〈「interfere with」を使った表現〉
iPhoneのゲームのアプリのせいで兄は第一志望の大学の入試のための勉強に集中できなかった。

☐ Addiction to iPhone games interfered with my brother's studies for the entrance exam to his first-choice university.

こうき　さすがにもう書き換えられないですよね？

なみ　めっちゃ書き換えたもんね。

先生　そうだね。この辺にしておこう。

とも　俺はまだまだ物足りないな。

先生　最後にこのLesson 5で学習したことを、次のエクササイズで練習してみよう。

問 題

①〜⑥の指示に従って、次の文を英語にしなさい。

私は頭が痛くて集中できなかった。
（My headache を主語にする）

① effect を使う

② affect を使う。

③ make を使う。

④ prevent を使う。

⑤ deprive を使う。

⑥ interfere with を使う。

解答例

① My headache had a negative effect on my concentration.

② My headache adversely affected my concentration.

③ My headache made it impossible for me to concentrate.

④ My headache prevented me from concentrating.

⑤ My headache deprived me of my concentration.

⑥ My headache interfered with my concentration.

＊「negative」は「adverse」などの形容詞と交換可能。
＊「adversely」は「negatively」などの副詞と交換可能。
＊「impossible」を「hard」や「difficult」にすると意味が弱まる。
＊「prevented」は「stopped」などの動詞と交換可能。
＊「deprived」は「robbed」と交換可能。

先生　　ちゃんと書けたかな？

ゆり　　全部覚えるのはかなり難しいです……。

先生　　心配しないで。次のLesson 6でネガティブな内容の段落をスムーズ
　　　　に書けるようにするためのオリジナルテンプレートを作っていくよ。
　　　　一緒に頑張ろうね。

なみ　　Lesson 4で作ったポジティブなテンプレートに、ネガティブなテン
　　　　プレートが加わったら、うちら無敵じゃない？

こうき　めっちゃ楽しみだね！

自分の
ネガティブテンプレート
を作ろう

これで無敵の英作文！

自分の
ネガティブテンプレート
を作ろう

これで無敵の英作文!

─┤ **Lesson 6のポイント** ├─

このレッスンでは、Lesson 5で学習した「negative」と「impossible」の2種類の表現を軸にして、ネガティブな段落構成のベースとなるオリジナルテンプレートを作成していきます。いろいろな表現を組み合わせながら自由英作文の試験で高得点が狙えるテンプレートを4人の生徒たちと一緒に作っていきましょう。選択肢の中から自分で選んだものをノートに書き込んで、この授業が終わったときにオリジナルテンプレートができあがっている状態にしましょう。Lesson 4で作成した「important」「possible」「positive」の表現のテンプレートと合わせて、ここで「negative」系「impossible」系のテンプレートを作っておけば鬼に金棒です。一緒に頑張りましょう!

◎ ネガティブな内容のテンプレート作成

先生　このレッスンではネガティブな内容の段落を書くためのオリジナルテンプレートを一緒に作っていくよ。選択肢の中から自分が使いたいものを選んでいくと、レッスンの終わりまでにはいろいろな試験で使えるテンプレートができあがるからね。

ゆり　めっちゃ楽しみです!

先生　早速始めようか。じゃあ、次の選択肢の中から、自分で使いたい「negative」系の表現を選んでみよう。

> (i) Ⓐ have a negative effect on Ⓑ.
>
> (ii) Ⓐ have a negative influence on Ⓑ.
>
> (iii) Ⓐ have a negative impact on Ⓑ.
>
> (iv) Ⓐ negatively affect Ⓑ.

こうき　僕は普通に (i) の「Ⓐ have a negative effect on Ⓑ.」にしようかな。

なみ　うちは (ii) の「Ⓐ have a negative influence on Ⓑ.」にしとく。

ゆり　私は (iii) の「Ⓐ have a negative impact on Ⓑ.」にするね。

とも　俺はみんなと同じのは嫌だから (iv) の「Ⓐ negatively affect Ⓑ.」にしとこうかな。

先生　今選んだ文の「negative」を他の形容詞に変えたい人は、次の選択肢の中から選んでみようか。「negatively」を選んだ人は、選択肢の形容詞に「ly」をつけて副詞にするのをお忘れなく。

> (i) adverse　　　(ii) detrimental　　(iii) harmful
>
> (iv) unfavorable　(v) undesirable　　(vi) damaging

こうき　僕は「Ⓐ have a negative effect on Ⓑ.」のままで良いかな。

なみ　うちは (ii) の「detrimental」を使って「Ⓐ have a detrimental influence on Ⓑ.」にしとく。

ゆり　私は (iii) の「harmful」を使って、「Ⓐ have a harmful impact on Ⓑ.」にしてみる。

とも　俺は (i) の「adverse」を副詞にして、「Ⓐ adversely affect Ⓑ.」にしてみるわ。

先生　これで段落のトピックセンテンスになるテンプレートはみんな作れたかな。そうしたら次の文を作っていこうか。次の選択肢の中から選んでみよう。

(i)　Ⓒ make it impossible Ⓓ for~ to V.
(ii)　Ⓒ stop Ⓓ ~ from V-ing.
(iii)　Ⓒ keep Ⓓ ~ from V-ing.
(iv)　Ⓒ prevent Ⓓ ~ from V-ing.

ゆり　　私は (ii) の「stop」にする。

なみ　　うちは (iii) の「keep」にしとくね。

とも　　じゃあ俺は (iv) の「prevent」で。

こうき　じゃあ僕は (i) の「make」を使うね。これだと「impossible」を「hard」にしたり、「harder」にしたりして、いろいろアレンジできて便利だと思うから。

先生　　良い発想だよ！　そうやってどんどん工夫していけると良いね！

テンプレートのCHECK

[ゆり]

Ⓐ have a harmful impact on Ⓑ. Ⓒ stop Ⓓ ~ from V-ing.

[なみ]

Ⓐ have a detrimental influence on Ⓑ. Ⓒ keep Ⓓ ~ from V-ing.

[とも]

Ⓐ adversely affect Ⓑ. Ⓒ prevent Ⓓ ~ from V-ing.

[こうき]

Ⓐ have a negative effect on Ⓑ. Ⓒ make it impossible Ⓓ for~ to V.

先生　　そうしたら2つ目の文をさらに具体化するための型を作ってみようか。次の「impossible」系の選択肢の中から選んでみよう。

(i) Ⓔ make it impossible Ⓕ for~ to V.

(ii) Ⓔ stop Ⓕ ~ from V-ing.

(iii) Ⓔ keep Ⓕ ~ from V-ing.

(iv) Ⓔ prevent Ⓕ ~ from V-ing.

(v) Ⓔ interfere with Ⓕ.

(vi) Ⓔ deprive Ⓕ ~ of ~.

(vii) Ⓔ rob Ⓕ ~of ~.

なみ　うちは (iv) の「prevent」にする。

こうき　僕は (iii) の「keep」にしてみようかな。覚えやすいし。

ゆり　じゃあ私も (iv) の「prevent」にするね。

とも　俺は最初っから (v) の「interfere with」って決めてたよ。ずっと使ってみたいと思ってた単語だから。

テンプレートのCHECK

[なみ]

Ⓐ have a detrimental influence on Ⓑ. Ⓒ keep Ⓓ ~ from V-ing. For instance, Ⓔ prevent Ⓕ~ from V-ing.

[こうき]

Ⓐ have a negative effect on Ⓑ. Ⓒ make it impossible Ⓓ for~ to V. For example, Ⓔ keep Ⓕ ~ from V-ing.

[ゆり]

Ⓐ have a harmful impact on Ⓑ. Ⓒ stop Ⓓ ~ from V-ing. For example, Ⓔ prevent Ⓕ ~ from V-ing.

[とも]

Ⓐ adversely affect Ⓑ. Ⓒ prevent Ⓓ ~ from V-ing. For instance, Ⓔ interfere with Ⓕ.

先生　　そうしたら下の「negative」「impossible」系の表現 (i)〜(xi) の中から、さらに具体化するための表現を選ぼう。

(i) ⒢ have a negative effect on ⒣.

(ii) ⒢ have a negative influence on ⒣.

(iii) ⒢ have a negative impact on ⒣.

(iv) ⒢ negatively affect ⒣.

(v) ⒢ make it impossible ⒣ for ~ to V.

(vi) ⒢ stop ⒣ ~ from V-ing.

(vii) ⒢ keep ⒣ ~ from V-ing.

(viii) ⒢ prevent ⒣ ~ from V-ing.

(ix) ⒢ interfere with ⒣.

(x) ⒢ deprive ⒣ ~ of ~.

(xi) ⒢ rob ⒣ ~ of ~.

こうき　僕は (viii) の「⒢ prevent ⒣ ~ from V-ing.」にしとくね。

なみ　じゃあうちは (v) の「⒢ make it impossible ⒣ for~ to V.」にしよっと。

ゆり　私は (iv) をアレンジして「⒢ adversely affect ⒣.」にしておこうかな。

とも　俺は (x) の「deprive」を使ったやつにする。

テンプレートのCHECK

[こうき]

Ⓐ have a negative effect on Ⓑ. Ⓒ make it impossible Ⓓ for~ to V. For example, Ⓔ keep Ⓕ ~ from V-ing. In fact, Ⓖ prevent Ⓗ ~ from V-ing.

[なみ]

Ⓐ have a detrimental influence on Ⓑ. Ⓒ keep Ⓓ ~ from V-ing. For instance, Ⓔ prevent Ⓕ ~ from V-ing. In fact, Ⓖ make it impossible Ⓗ for ~ to V.

[ゆり]

Ⓐ have a harmful impact on Ⓑ. Ⓒ stop Ⓓ ~ from V-ing. For example, Ⓔ prevent Ⓕ ~ from V-ing. In fact, Ⓖ adversely affect Ⓗ.

[とも]

Ⓐ adversely affect Ⓑ. Ⓒ prevent Ⓓ ~ from V-ing. For instance, Ⓔ interfere with Ⓕ. In fact, Ⓖ deprive Ⓗ ~ of ~.

先生　これでネガティブな内容を書くテンプレートがだいぶ整ってきたね。ここまでのテンプレートに、Lesson 5で学習したトピックの内容をあてはめてみよう。

① Ⓐ携帯電話は Ⓑ学生に悪影響を与えることがある。
② Ⓒスマホのアプリのせいで Ⓓ高校生は勉強に集中できない傾向がある。
③ Ⓔいろいろな面白いiPhoneのアプリのせいで Ⓕ高校3年生は大学受験勉強に集中できないことが多い。
④ ⒼiPhoneのゲームのアプリのせいで Ⓗ兄は第一志望の大学の入試のための勉強に集中できなかった。

先生　こんなふうにⒶからⒽまで「抽象から具体」の展開ができていると、あとはテンプレートに当てはめていくだけだよ。今作ったテンプレー

トを使ってみようか。

（15 分後）

こうきの答案の確認

テンプレート

Ⓐ have a negative effect on Ⓑ. Ⓒ make it impossible Ⓓ for ~ to V. For example, Ⓔ keep Ⓕ ~ from V-ing. In fact, Ⓖ prevent Ⓗ ~ from V-ing.

英作文

ⒶCellphones can have a negative effect on Ⓑstudents. ⒸSmartphone apps tend to make it impossible Ⓓfor high school students to focus on their studies. For example, Ⓔvarious entertaining iPhone apps often keep Ⓕhigh school seniors from studying for their university entrance exams. In fact, ⒼiPhone games prevent Ⓗmy brother from focusing on his studies for the entrance exam to his first-choice university. (62 words)

こうき　めっちゃ良い感じになったと思う！

なみ　最後の文の「prevent」がおかしいかな。

ゆり　確かに。

こうき　あ、「集中できなかった」ってことだから過去の話か。「prevent」じゃなくて「prevented」にしなくちゃいけないね。

ベースの和訳（文章の構成）
①携帯電話は学生に悪影響を与えることがある。
②スマホのアプリのせいで、高校生は勉強に集中できない傾向がある。

先生　　その通り。

こうき　ダメダメだったかなあ。

先生　　そんなことはないよ。例えば**「Vすることが多い」**を**「often」**で表したことや**「彼の第一志望の大学」**を**「his first-choice university」**っていう英語にしたことはお見事だし、うまくテンプレートを活かせてたのも素晴らしいから。後は文法への意識を少し高めるだけだよ。

こうき　やった！　ありがとうございます！

ゆりの答案の確認

> **テンプレート**
>
> Ⓐ have a harmful impact on Ⓑ. Ⓒ stop Ⓓ ~ from V-ing. Ⓔ prevent Ⓕ ~ from V-ing. In fact, Ⓖ adversely affect Ⓗ.
>
> **英作文**
>
> ⒶCellphones can have a harmful impact on Ⓑstudents. ⒸSmartphone apps tend to stop Ⓓhigh school students from focusing on their studies. For example, Ⓔvarious entertaining iPhone apps often prevent Ⓕhigh school seniors from studying for their university entrance exams. In fact, ⒼiPhone games adversely affected Ⓗmy brother's studies for the entrance exam to his first-choice university. (56 words)

先生　　すごく良い感じになったね！　文法のミスもないし、すごく完成度が高いよ！

ゆり　　ありがとうございます！

③いろいろな面白いiPhoneのアプリのせいで、高校3年生は大学受験勉強に集中できないことが多い。
④iPhoneのゲームのアプリのせいで、兄は第一志望の大学の入試のための勉強に集中できなかった。

⋛ なみの答案の確認

テンプレート

Ⓐ have a detrimental influence on Ⓑ. Ⓒ keep Ⓓ ~ from V-ing. For instance, Ⓔ prevent Ⓕ ~ from V-ing. In fact, Ⓖ make it impossible Ⓗ for ~ to V.

英作文

ⒶCellphones can have a detrimental influence on Ⓑstudents. ⒸSmartphone apps tend to keep Ⓓhigh school students from focusing on their important studies. For example, Ⓔvarious entertaining iPhone apps often prevent Ⓕhigh school seniors from studying for their university entrance exams. In fact, Ⓖaddictive iPhone games made it impossible Ⓗfor my brother to concentrate on studying for the crucial entrance exam to his first-choice university. (64 words)

なみ　ただテンプレートを使うだけじゃなくて、名詞に形容詞をつけたりして工夫してみました。

先生　素晴らしいね。「**entertaining**」とか「**crucial**」みたいな形容詞を使って名詞を修飾したのはお見事だよ！

ベースの和訳（文章の構成）
①携帯電話は学生に悪影響を与えることがある。
②スマホのアプリのせいで、高校生は勉強に集中できない傾向がある。

こどもの答案の確認

テンプレート

Ⓐ adversely affect Ⓑ. Ⓒ prevent Ⓓ ~ from V-ing. For instance, Ⓔ interfere with Ⓕ. In fact, Ⓖ deprive Ⓗ ~ of ~.

英作文

ⒶCellphones can adversely affect Ⓑstudents. ⒸSmartphone apps are likely to prevent Ⓓhigh school students from focusing on their essential studies. For instance, Ⓔnumerous entertaining iPhone apps often seriously interfere with Ⓕhigh school seniors studying for their entrance exams. In fact, Ⓖaddictive iPhone games, including Mario Cart and Pokemon Go, deprived Ⓗmy brother of his concentration on studying for the crucial entrance exam to Waseda, his first-choice university. (67 words)

こうき　うわ、ただテンプレートを使うだけじゃなくていろいろ工夫してるね。めっちゃ良い感じになってる気がする。「many」じゃなくて「numerous」を使ってるのもカッコいいね。

ゆり　「be likely to V」で傾向を表してるのも良い感じ！

先生　そうだね。なみさんと同じように「crucial entrance exam」のところは名詞に形容詞をつけてるし、「seriously interfere」みたいに動詞に副詞を加える工夫もしてるしね。

なみ　あと「iPhone games, **including Mario Cart**」みたいに、**例を足してるのもすごい**と思う。

ゆり　「his first-choice university」だけじゃなくて、ちゃんと**「Waseda」って具体的に書いてるのも良いね！**

③いろいろな面白いiPhoneのアプリのせいで、高校３年生は大学受験勉強に集中できないことが多い。
④iPhoneのゲームのアプリのせいで、兄は第一志望の大学の入試のための勉強に集中できなかった。

先生　　　そうだね。こんな感じで他の授業で学習したことを活かしてテンプレートをアレンジするとさらに良くなるね。お見事！

こうき　　僕もこうやって書けるように頑張らなくちゃ。

先生　　　これでネガティブな段落を書くためのテンプレートもだいぶ整ってきたね。じゃあここで、内容をさらに充実させようか。どうしたら良いかな？　これまで書いてきた①から④を見て考えてみよう。

① Ⓐ携帯電話は Ⓑ学生に悪影響を与えることがある。
② Ⓒスマホのアプリのせいで Ⓓ高校生は勉強に集中できない傾向がある。
③ Ⓔいろいろな面白いiPhoneのアプリのせいで Ⓕ高校３年生は大学受験勉強に集中できないことが多い。
④ ⒼiPhoneのゲームのアプリのせいで Ⓗ兄は第一志望の大学の入試のための勉強に集中できなかった。

先生　　　Lesson 4のテンプレートで具体化の後にどんな文を加えたか覚えてるかな？

なみ　　　**「譲歩→逆接」の展開**をつけ加えてみる。

先生　　　その通り！　例えば④の後にどんな譲歩を加えたら良いかな？

こうき　　最後にスマホのネガティブなところを強調する前に、とりあえずポジティブなところを書いておくってことか。

先生　　　そうだね。具体的にはどんなことを書いたら良いかな？

こうき　　「確かに教育用のアプリもあるから、そういうのを使うと勉強の役に立つこともある。」とか？

先生　　　良い感じだね！

① ⒶⒶ携帯電話は Ⓑ学生に悪影響を与えることがある。
② Ⓒスマホのアプリのせいで Ⓓ高校生は勉強に集中できない傾向がある。
③ Ⓔいろいろな面白いiPhoneのアプリのせいで Ⓕ高校３年生は大学受験勉強に集中できないことが多い。
④ ⒼiPhoneのゲームのアプリのせいで Ⓗ兄は第一志望の大学の入試のための勉強に集中できなかった。
⑤ 確かに Ⓘ教育用のアプリもあって、Ⓙ勉強の役に立つものもある。

先生　じゃあそれを英語するための文をテンプレートに加えようか。まず**「確かに」みたいな、「譲歩のサイン」**を含む文を下の選択肢の中から選んでいこう。

(i) To be sure, there may be some Ⓘ that enable Ⓙ ~ to V.
(ii) Certainly, there may be some Ⓘ that can have a positive effect on Ⓙ.
(iii) Of course, there may be some Ⓘ that can play an important role in Ⓙ.
(iv) Admittedly, there may be some Ⓘ that can benefit Ⓙ.
(v) It may be true that some Ⓘ can have a positive influence on Ⓙ.

＊下線部が「譲歩のサイン」

こうき　ネガティブな内容の前にポジティブな内容を言っとくってことは、Lesson 4で習った「important」「possible」「positive」系の「IPP」の表現が使えるってことか。これは覚えやすいね。どれにしようかな。

ゆり　私は (ii) の「Certainly」にする。

先生　　それを使って「確かに ① 教育用のアプリもあって、 ⑪ 勉強の役に立つものもある。」っていう譲歩を英語にすると？

ゆり　　「Certainly, there may be some ① that can have a positive effect on ⑪.」を埋めて、Certainly, there may be some ⁱeducational smartphone apps that can have a positive effect on ⁱhigh school students. みたいな感じかな？

先生　　良い感じだよ！

ゆりの答案の確認

テンプレート

Ⓐ have a harmful impact on Ⓑ. Ⓒ stop Ⓓ ~ from V-ing. For example, Ⓔ prevent Ⓕ ~ from V-ing. In fact, Ⓖ adversely affect Ⓗ. Certainly, there may be some Ⓘ that can have a positive effect on Ⓙ.

英作文

ⒶCellphones can have a harmful impact on Ⓑstudents. ⒸSmartphone apps tend to stop Ⓓhigh school students from focusing on their studies. For example, Ⓔvarious entertaining iPhone apps often prevent Ⓕhigh school seniors from studying for their university entrance exams. In fact, ⒼiPhone games adversely affected Ⓗmy brother's studies for the entrance exam to his first-choice university. Certainly, there may be some Ⓘeducational smartphone apps that can have a positive effect on Ⓙhigh school students.

ベースの和訳（文章の構成）
①携帯電話は学生に悪影響を与えることがある。
②スマホのアプリのせいで、高校生は勉強に集中できない傾向がある。

なみ　　じゃあうちは (i) の「To be sure」にしようかな。

先生　　それを使って「確かに①教育用のアプリもあって、②勉強の役に立つものもある。」っていう譲歩を英語にすると？

なみ　　「To be sure, there may be some Ⓘ that enable Ⓙ ~ to V.」を使うと、To be sure, there may be some Ⓘeducational apps that enable Ⓙstudents to study effectively.って感じかな。

先生　　すごくスムーズに書けたね！　お見事！

なみの答案の確認

テンプレート

Ⓐ have a detrimental influence on Ⓑ. Ⓒ keep Ⓓ ~ from V-ing. For instance, Ⓔ prevent Ⓕ~ from V-ing. In fact, Ⓖ make it impossible Ⓗ for ~ to V. To be sure, there may be some Ⓘ that enable Ⓙ ~ to V.

英作文

ⒶCellphones can have a detrimental influence on Ⓑstudents. ⒸSmartphone apps tend to keep Ⓓhigh school students from focusing on their important studies. For instance, Ⓔvarious entertaining iPhone apps often prevent Ⓕhigh school seniors from studying for their university entrance exams. In fact, Ⓖaddictive iPhone games made it impossible Ⓗfor my brother to concentrate on studying for the crucial entrance exam to his first-choice university. To be sure, there may be some Ⓘeducational apps that enable Ⓙstudents to study effectively.

③いろいろな面白いiPhoneのアプリのせいで、高校３年生は大学受験勉強に集中できないことが多い。
④iPhoneのゲームのアプリのせいで、兄は第一志望の大学の入試のための勉強に集中できなかった。
⑤確かに教育用のアプリもあって、勉強の役に立つものもある。

とも	俺は「It may be true that SV.」にする。
先生	それを使って「確かに ①教育用のアプリもあって、②勉強の役に立つものもある」っていう譲歩を英語にすると？
とも	「It may be true that some ① can have a positive influence on ①」が、It may be true that some ①educational apps, such as BBC Learning English, can have a positive influence on ①students.って感じになる。
こうき	おお、また何か工夫してきたね。
とも	Lesson 4で「including」で例を足したから、今度は「such as」を使って具体例を挙げてみただけ。
先生	素晴らしいね！　そうやってテンプレートに足していけると最高だね！

ともの答案の確認

テンプレート

Ⓐ adversely affect Ⓑ. Ⓒ prevent Ⓓ ~ from V-ing. For instance, Ⓔ interfere with Ⓕ. In fact, Ⓖ deprive Ⓗ ~ of ~. It may be true that some ① can have a positive influence on ①.

英作文

ⒶCellphones can adversely affect Ⓑstudents. ⒸSmartphone apps are likely to prevent Ⓓhigh school students from focusing on their essential studies. For instance, Ⓔnumerous entertaining iPhone apps often seriously interfere with Ⓕhigh school seniors studying for their entrance exams. In fact, Ⓖaddictive iPhone games, including Mario Cart and Pokemon Go, deprived Ⓗmy brother of his concentration on studying for the crucial

ベースの和訳（文章の構成）
①携帯電話は学生に悪影響を与えることがある。
②スマホのアプリのせいで、高校生は勉強に集中できない傾向がある。

entrance exam to Waseda, his first-choice university. It may be true that some ①educational apps, such as BBC Learning English, can have a positive influence on ②students.

こうき　やっと僕の出番だね！　「Of course, there may be some ①
　　　　that can play an important role in ②.」を使いたいから、Of
　　　　course, there may be some ①educational app that can play an
　　　　important role in ②studying. になる。

なみ　　良い感じになったなとは思うんだけど……。

こうき　え、それってもしかして譲歩？　これからダメ出しされるってこと？

なみ　　「some app」じゃなくて「some apps」ね。そういうアプリがいくつ
　　　　かあるわけだから。

こうき　あ、そっか。やっぱ表現に夢中になると文法が雑になるよね。気をつ
　　　　けてるつもりなんだけどなあ。

先生　　**複数の「s」のつけ忘れは受験生に多いミス**だから気をつけようね。

こうき　凹むなあ。

先生　　そうやって段々うまくなっていくんだよ。動詞の形だけじゃなくて名
　　　　詞の形にも注意を向けるようにしようね。

こうき　はい！

③いろいろな面白いiPhoneのアプリのせいで、高校3年生は大学受験勉強に集中できないことが多い。
④iPhoneのゲームのアプリのせいで、兄は第一志望の大学の入試のための勉強に集中できなかった。
⑤確かに教育用のアプリもあって、勉強の役に立つものもある。

テンプレート

Ⓐ have a negative effect on Ⓑ. Ⓒ make it impossible Ⓓ for~ to V. For example, Ⓔ keep Ⓕ ~ from V-ing. In fact, Ⓖ prevent Ⓗ ~ from V-ing. Of course, there may be some Ⓘ that can play an important role in Ⓙ.

英作文

ⒶCellphones can have a negative effect on Ⓑstudents. ⒸSmartphone apps tend to make it impossible Ⓓfor high school students to focus on their studies. For example, Ⓔvarious entertaining iPhone apps often keep Ⓕhigh school seniors from studying for their university entrance exams. In fact, ⒼiPhone games prevented Ⓗmy brother from studying for the entrance exam to his first-choice university. Of course, there may be some Ⓘeducational apps that can play an important role in Ⓙstudying.

先生 これで⑤の譲歩までのテンプレートが作れたね。あと一息だよ！　最後に「確かに①教育用のアプリもあって、②勉強の役に立つものもある。」の譲歩の次の逆接を書いてみよう。Lesson 4で学習した**仮定法の表現が使える**よ。譲歩の後にはどんな内容がくるかな？

なみ 「しかしスマホ中毒になっていなかったら、もっと勉強に集中して、志望校に合格できてたかも」みたいな文ですよね？

先生 そうだね。展開をまとめておこう。

ベースの和訳（文章の構成）
①携帯電話は学生に悪影響を与えることがある。
②スマホのアプリのせいで、高校生は勉強に集中できない傾向がある。

① ⒜携帯電話は ⒝学生に悪影響を与えることがある。

② ⒞スマホのアプリのせいで ⒟高校生は勉強に集中できない傾向がある。

③ ⒠いろいろな面白いiPhoneのアプリのせいで ⒡高校3年生は大学受験勉強に集中できないことが多い。

④ ⒢iPhoneのゲームのアプリのせいで ⒣兄は第一志望の大学の入試のための勉強に集中できなかった。

⑤ 確かに ⒤教育用のアプリもあって、⒥勉強の役に立つものもある。

⑥ しかし ⒦スマホ中毒になっていなかったら、⒧兄はもっと勉強に集中して、志望校に合格できていたかもしれない。

先生　⑥を実際に英語にしてみようか。

ゆり　Lesson 4のIPPのテンプレートで使った「Without~, it would have been 形容詞 for~ to V.」っていうのを使えばいんですよね？

先生　そうだよ。「However, without ~, it would have been ~.」って感じで、「however」っていう「逆接のサイン」を入れると良いよ。

ゆり　そうすると、「しかし ⒦スマホ中毒になっていなかったら、⒧兄はもっと勉強に集中して、志望校に合格できていたかもしれない」っていうのは、However, without ⒦his addiction to those smartphone games, it might have been possible ⒧for my brother to study harder to pass his exam.って感じになるってことですね。

先生　その通り！　「かもしれない」だから「would」じゃなくて「might」になるね。

③いろいろな面白いiPhoneのアプリのせいで、高校3年生は大学受験勉強に集中できないことが多い。
④iPhoneのゲームのアプリのせいで、兄は第一志望の大学の入試のための勉強に集中できなかった。
⑤確かに教育用のアプリもあって、勉強の役に立つものもある。

157

Ⓐ have a harmful impact on Ⓑ. Ⓒ stop Ⓓ~ from V-ing. For example, Ⓔ prevent Ⓕ ~ from V-ing. In fact, Ⓖ adversely affect Ⓗ. Certainly, there may be some Ⓘ that can have a positive effect on Ⓙ. However, without Ⓚ, *it would be 形容詞 Ⓛ for~ to V.

*過去のことを仮定している場合には、「it would have been」になる。

ⒶCellphones can have a harmful impact on Ⓑstudents. ⒸSmartphone apps tend to stop Ⓓhigh school students from focusing on their studies. For example, Ⓔvarious entertaining iPhone apps often prevent Ⓕhigh school seniors from studying for their university entrance exams. In fact, ⒼiPhone games adversely affected Ⓗmy brother's studies for the entrance exam to his first-choice university. Certainly, there may be some Ⓘeducational smartphone apps that can have a positive effect on Ⓙhigh school students. However, without Ⓚhis addiction to those smartphone games, it might have been possible Ⓛfor my brother to study harder to pass his exam. (97 words)

こうき　僕も「without」で良いかな。

先生　それを使って「しかし Ⓚスマホ中毒になっていなかったら、Ⓛ兄はもっと勉強に集中して、志望校に合格できていたかもしれない。」を英語にすると？

ベースの和訳（文章の構成）
①携帯電話は学生に悪影響を与えることがある。
②スマホのアプリのせいで、高校生は勉強に集中できない傾向がある。
③いろいろな面白いiPhoneのアプリのせいで、高校3年生は大学受験勉強に集中できないことが多い。

こうき　However, without [Ⓚ]those addictive smartphone games, it would have been possible [Ⓛ]for my brother to study harder to pass his exam.って感じかな。あんまり工夫してないけど。

先生　大丈夫だよ。ちゃんと書けてるから！

こうきの完成テンプレート

Ⓐ have a negative effect on Ⓑ. Ⓒ make it impossible Ⓓ for~ to V. For example, Ⓔ keep Ⓕ ~ from V-ing. In fact, Ⓖ prevent Ⓗ ~ from V-ing. Of course, there may be some Ⓘ that can play an important role in Ⓙ. However, without Ⓚ, it would have been possible Ⓛ for ~ to V.

こうきの完成英作文

Ⓐ Cellphones can have a negative effect on Ⓑ students. Ⓒ Smartphone apps tend to make it impossible Ⓓ for high school students to focus on their studies. For example, Ⓔ various entertaining iPhone apps often keep Ⓕ high school seniors from studying for their university entrance exams. In fact, Ⓖ iPhone games prevented Ⓗ my brother from studying for the entrance exam to his first-choice university. Of course, there may be some Ⓘ educational apps that can play an important role in Ⓙ studying. However, without Ⓚ those addictive smartphone games, it would have been possible Ⓛ for my brother to study harder to pass his exam. (96 words)

④iPhoneのゲームのアプリのせいで、兄は第一志望の大学の入試のための勉強に集中できなかった。
⑤確かに教育用のアプリもあって、勉強の役に立つものもある。
⑥しかし、スマホ中毒になっていなかったら、兄はもっと勉強に集中して、志望校に合格できていたかもしれない。

とも　　俺は仮定法にテンプレートはいらないかな。

先生　　じゃあ使わずに「®スマホ中毒になっていなかったら、®兄はもっと勉強に集中して、志望校に合格できていたかもしれない。」を仮定法を使って英語にしてみて。

とも　　However, if ®my brother had not been addicted to those smartphone games, ®he might have studied harder to pass his entrance exam.って感じかな。

先生　　やるねえ。こんなふうに仮定法がスムーズに書ける人は、無理に型を使わなくても大丈夫だよ。

ともの完成テンプレート

Ⓐ adversely affect Ⓑ. Ⓒ prevent Ⓓ~ from V-ing. For instance, Ⓔ interfere with Ⓕ. In fact, Ⓖ deprive Ⓗ ~ of ~. It may be true that some Ⓘ can have a positive influence on Ⓙ. 仮定法を使って自分の言葉でⓀとⓁの内容を書く。

ともの完成英作文

ⒶCellphones can adversely affect Ⓑstudents. ⒸSmartphone apps are likely to prevent Ⓓhigh school students from focusing on their essential studies. For instance, Ⓔnumerous entertaining iPhone apps often seriously interfere with Ⓕhigh school seniors studying for their entrance exams. In fact, Ⓖaddictive iPhone games, including Mario Cart and Pokemon Go, deprived Ⓗmy brother of his concentration on studying

ベースの和訳（文章の構成）
①携帯電話は学生に悪影響を与えることがある。
②スマホのアプリのせいで、高校生は勉強に集中できない。
③いろいろな面白いiPhoneのアプリのせいで、高校3年生は大学受験勉強に集中できないことが多い。

for the crucial entrance exam to Waseda, his first-choice university. It may be true that some ⓘeducational apps, such as BBC Learning English, can have a positive influence on ⓙstudents. However, if my brother had not been ⓚaddicted to those smartphone games, ⓛhe might have studied harder to pass his entrance exam. (109 words)

なみ 　うちも仮定法は型いらないかも。

先生 　じゃあ、使わずに「ⓚスマホ中毒になっていなかったら、ⓛ兄はもっと勉強に集中して、志望校に合格できていたかもしれない」を英語にしてみて。

なみ 　えっと、Had it not been for ⓚhis addiction to those smartphone games, ⓛmy brother might have found it easy to succeed in the exam.って感じです。

ゆり 　何かすごい文が出てきたね。

先生 　仮定法過去完了の倒置をここで使ってきたね。お見事！

とも 　「find OC」を使ってるのも悪くない。

ゆり 　「良いね」って言えば良いのに……。

先生 　これでなみさんの英作文も完成したね。

④iPhoneのゲームのアプリのせいで、兄は第一志望の大学の入試のための勉強に集中できなかった。
⑤確かに教育用のアプリもあって、勉強の役に立つものもある。
⑥しかし、スマホ中毒になっていなかったら、兄はもっと勉強に集中して、志望校に合格できていたかもしれない。

Ⓐ have a detrimental influence on Ⓑ. Ⓒ keep Ⓓ ~ from V-ing. For example, Ⓔ prevent Ⓕ ~ from V-ing. In fact, Ⓖ make it impossible Ⓗ for ~ to V. To be sure, there may be some Ⓘ that enable Ⓙ ~ to V. 自分なりの仮定法の文でⓀと Ⓛの内容を表現して、前文を逆接。

ⒶCellphones can have a detrimental influence on Ⓑstudents. ⒸSmartphone apps tend to keep Ⓓhigh school students from focusing on their important studies. For example, Ⓔvarious entertaining iPhone apps often prevent Ⓕhigh school seniors from studying for their university entrance exams. In fact, Ⓖaddictive iPhone games made it impossible Ⓗfor my brother to concentrate on studying for the crucial entrance exam to his first-choice university. To be sure, there may be some Ⓘeducational apps that enable students to Ⓙstudy effectively. However, had it not been for Ⓚhis addiction to those smartphone games, Ⓛmy brother might have found it easy to succeed in the exam. (103 words)

和訳
①携帯電話は学生に悪影響を与えることがある。
②スマホのアプリのせいで、高校生は勉強に集中できない。
③いろいろな面白いiPhoneのアプリのせいで、高校3年生は大学受験勉強に集中できないことが多い。

先生　これでポジティブな内容の段落とネガティブな内容の段落を書くための オリジナルテンプレートが両方とも完成したね。次の時間からいよいよ実践演習に入っていくよ。

なみ　ポジティブなテンプレートとネガティブなテンプレートがあれば鬼に金棒だね！

こうき　僕もだいぶ自信がついてきたよ！

テンプレートが定着するまで、
いろいろなトピックで
練習してみよう！

④iPhoneのゲームのアプリのせいで、兄は第一志望の大学の入試のための勉強に集中できなかった。
⑤確かに教育用のアプリもあって、勉強の役に立つものもある。
⑥しかし、スマホ中毒になっていなかったら、兄はもっと勉強に集中して、志望校に合格できていたかもしれない。

7

実践演習に
チャレンジ
その1

短めの英作文①

Lesson 7

実践演習に
チャレンジ
その1

短めの英作文 ①

┤ **Lesson 7のポイント** ├

Lesson 7は実践演習の1回目です。これまで学習してきた「抽象から具体」と「因果関係」を意識して作った段落の展開をベースに、Lesson 4で作成したポジティブな内容のテンプレートを活用して英語にしていきます。生徒の一人になったつもりで、自分のオリジナルテンプレートを使って、英作文を書いてみましょう。その威力を実感できるはずです。

◎ 100語の英作文に挑戦！

> **例題**
>
> **Do you agree or disagree with the opinion that television is bad for communication among friends and family members? (about 100 words)**

先生　お待ちかねの実践演習の第1回目を始めようか。今日はDo you agree or disagree with the opinion that television is bad for communication among friends and family members?(テレビは友人や家族とのコミュニケーションに悪影響を与える、という意見に、あなたは賛成ですか？　反対ですか？）というトピックについて、テンプレートを活用しながら100語くらいの英作文を書いてみよう。

こうき	ワクワクしてきたな。
ゆり	良い感じで書けそうな気がする。
先生	みんなは Television is bad for communication among friends and family members. っていう意見に賛成かな？　それとも反対かな？　「抽象から具体」の流れを作ってから、テンプレートを使って英語にしてみよう。この授業は実践演習の1回目だから、少し時間を長めに設定して、制限時間を30分にするよ。
こうき	いけそうな気がする。

（30 分後）

先生	どうだったかな？　ちゃんと流れが作れたかな？
こうき	バッチリです！　整いました！
先生	まず「テレビは友人や家族とのコミュニケーションに悪影響を与える。」っていう意見に**賛成かな？　それとも反対かな？**
こうき	反対です！　家族とテレビを見るのって大事だと思うから。
先生	**どうしてかな？**
こうき	だって同じテレビ番組を見ることで、逆にコミュニケーションが活発になると思うから。
先生	**どうして？**
こうき	いろいろ語り合うきっかけになるし。
先生	**もっと具体的にすると？**
こうき	例えば家族と一緒にスポーツを見ると、自分の考えを家族と共有することもできるよね。
先生	**例えば？**
こうき	両親も兄もみんな野球ファンなんだけど、そんな家族とメジャーリーグ中継を一緒に見ると、大谷翔平みたいな日本人選手についていろいろ語り合うことができる。
先生	**譲歩は？**
こうき	確かにテレビを見るだけでコミュニケーションがスムーズになるわけじゃないかもしれない。家族とのコミュニケーションには愛とか信頼

とかも必要だしね。

先生　**逆接は？**

こうき　でも高校3年生で今忙しいから、そういう番組を一緒に見なかった
　　　ら、家族とのコミュニケーションって減っちゃうと思う。

先生　良い感じだね！　今のこうき君の展開をまとめるとこうなるね。

①テレビが友人や家族とのコミュニケーションに悪影響を及ぼ
　すという意見に反対だ。

②ᴬテレビはᴮ友人や家族との交流に大事な役割を果たしている。

③ᶜテレビ番組を家族や友人と見ることでᴰいろいろ語り合え
　るから。

④例えばᴱスポーツ番組を家族と一緒に見ることで、ᶠ自分の
　意見を家族と共有することができる。

⑤例えばᴳ私は野球ファンの両親や兄とメジャーリーグを見る
　ことで、ᴴ試合についていろいろ語り合える。

⑥確かにᴵテレビを見るだけでᴶ友人や家族とのコミュニケー
　ションがスムーズになるわけではないかもしれない。それに
　はᴷ愛や信頼といったようなものも必要だ。

⑦しかしᴸ一緒にテレビを見なかったら、ᴹ私は高校3年生で
　忙しいので、家族とのコミュニケーションが減ってしまう。

先生　完璧だね。それをきちんとテンプレートに当てはめられたかな？　①
　　　はLesson 5で学習した「negative」系の表現を使うと簡単に書ける
　　　よね。

こうき　バッチリです！

こうきの答案の確認

Ⓐ can be important in Ⓑ. Ⓒ can help Ⓓ ~ (to) V. For example, Ⓔ benefit Ⓕ. In fact, Ⓖ allow Ⓗ ~ to V. To be sure, Ⓘ may not necessarily mean Ⓙ, which demand some other factors, such as Ⓚ. However, without Ⓛ, it would be 形容詞 Ⓜ for~ to V.

＊過去のことを仮定している場合にはit would have been 形容詞 Ⓜ for~ to V.

英作文

I disagree with the statement that television negatively affect on communication among friends and family members. ⒶWatching television can be important in Ⓑinteracting with them because Ⓒit help Ⓓus to exchange views with them. For example, Ⓔsharing same sports program with our family members benefit Ⓕour communication with them. In fact, Ⓖwatching a Major League Baseball game on TV allow Ⓗme to talk about it with my parents and brothers, who are enthusiastic baseball fans. To be sure, Ⓘwatching TV with friends and family members may not necessarily mean Ⓙbetter interactions with them, which demand many other factors, such as Ⓚlove and trust. However, without Ⓛsuch TV programs, it would be more difficult Ⓜfor me, a busy high school senior in Tokyo, to communicate with them daily.

先生　確かに「抽象から具体」の流れもうまく作れたし、テンプレートも有効活用できてはいる。ⒶⒷとⒸⒹを「because」で繋いだのも良かった。

こうき　あれ、それって譲歩ですか？

先生　そうだね。

なみ　流れもちゃんとしてるし、テンプレートもちゃんと使えてるんだけど、

文法がちょっと雑になっちゃったんじゃない？

とも　文法ミスが６つあると思う。

こうき　６つも？　自分で探してみても良い？

先生　大丈夫だよ。

こうき　あ、３つは自分で見つけられたかも。１つ目は、２行目の「affect」を「affects」にするってことですよね。

先生　そう。「the statement that」の後ろの文のSは「television」だから、「affect」に三単現のsをつけて「affects」にしないといけないね。

こうき　２つ目は、４行目の「help」を「helps」にしないと。

先生　その通り。そのSは「it」だからね。こんなふうに三単現のsをつけ忘れる人が多いから、気をつけるようにしたいね。

こうき　どうやったらこういう間違いが減るんだろう。何かコツってありますか？

先生　**書きながらSVが一致してるかどうか確認するクセ**をつけよう。Vを書いたら３秒止まってSと一致してるかどうかチェックするようにすると良いよ。

こうき　あと７行目の「allow」も「allows」にしないといけなかった。「watching」がSだからね。

先生　「watching a Major League Baseball game on TV」って感じで長いからね。「watching」の上に小さく「s」って書いておくと良いかもしれないね。

こうき　これで３つか。さっきとも君が、間違いが６つあるって言ってたよね？　あと３つってどこだろう？

ゆり　私は１つ見つけたよ。

こうき　え、どこ？

ゆり　２行目の「affects on」の「on」はいらないと思う。**「affect」は自動詞じゃなくて他動詞**だから。

先生　そうだね。「have a negative effect on」につられて「affect」の後ろに「on」をつけちゃう人がけっこういるから気をつけようね。

こうき　トピックセンテンスに間違いが２つあるのはヤバいなあ。つかみって大事だと思うから。

先生　そうだね。採点する人に最初の段階で「この人は文法が弱い」って思われないようにしたいね。

こうき　あと２つも間違いがあるんだよね？　頑張って探してみたけど自分で見つけられなかった。

ゆり　上から５行目のＶの「benefit」はＳの「sharing」が三単現扱いだから「benefits」かな。

先生　あと１つだけミスがあるね。日本人学習者に多いミスだから気づいて欲しいな。

なみ　他に何かあったかな？　あ、上から５行目の「same」!

こうき　あ、ほんとだ。見逃してたわ。

なみ　「same」じゃなくて「the same」ね。

先生　そうだね。「同じ」っていう日本語から発想するとどうしても定冠詞「the」をつけ忘れちゃうんだ。「the same」って感じで口をついて出てくるようにしておこうね。

こうき　こんな短い作文なのに間違いが６つもあったのか。けっこうショック。

先生　確かに文法的な間違いはいくつかあったけど……。

こうき　また譲歩ですか？　ってことはもしかしてほめられる？

先生　そうだね。文法ミスはあったけど、きちんと「抽象から具体」の流れも作れてたし、テンプレートもちゃんと使えてたから、今後が期待できる英作文になってたよ。順調な滑り出しって言って良いんじゃないかな。

こうき　やったね！

とも　あんまり調子に乗らないほうが良いと思うよ。

こうき　あたり強いな、とも君……。

I disagree with the statement that television negatively affects communication among friends and family members. ⒶWatching television can be essential in Ⓑinteracting with them because Ⓒit helps Ⓓus to exchange views with them. For example, Ⓔsharing the same sports program with our family members benefits Ⓕour communication with them. In fact, Ⓖwatching a Major League Baseball game on TV allows Ⓗme to talk about it with my parents and brothers, who are enthusiastic baseball fans. To be sure, Ⓘwatching TV with friends and family members may not necessarily mean Ⓙbetter interactions with them, which demand many other factors, such as Ⓚlove and trust. However, without Ⓛsuch TV programs, it would be more difficult Ⓜfor me, a busy high school senior in Tokyo, to communicate with them daily. (127 words)

テレビが友人や家族とのコミュニケーションに悪影響を与えるという意見には賛成しかねる。テレビを見ることは彼らと交流する上で重要だ。それにより意見を交換することができるからだ。例えば、家族と一緒に同じスポーツ番組を見ることで、家族とのコミュニケーションに良い影響がある。実際、メジャーリーグの試合を家族と一緒にテレビで見ると、私は、熱狂的な野球ファンである両親や兄弟と試合について語り合うことができる。確かに、友人や家族と一緒にテレビを見ることで必ずしも交流が深まることにはならないかもしれない。それには、愛や信頼など、さまざまな要素が必要となってくるからだ。しかし、そういったテレビ番組がなければ、東京の多忙な高校3年生の私は、家族と毎日コミュニケーションを取りにくくなってしまうだろう。

先生	他のみんなの自由英作文を見ていこうか。うまく書けたかな？
ゆり	私はけっこうちゃんと書けたんじゃないかなって思う。
先生	じゃあ見てみようか。まず Television is bad for communication among friends and family members. っていう意見に**賛成かな？反対かな？**
ゆり	反対です。家族とテレビを見るのって大事だと思うし。
先生	どうしてかな？
ゆり	一緒にテレビを見るともっと家族や友達と意見交換とかできるし。
先生	**例えば？**
ゆり	例えばニュース番組を見るとか。
先生	**例えば？**
ゆり	私は「BBC World News」っていうニュース番組を家族と一緒に見て、SDGs（持続可能な開発目標）のこととか、いろいろなことについてお姉ちゃんと意見を交換してる。
先生	**譲歩は？**
ゆり	こうき君のと一緒なんだけど、ただテレビを見るだけで家族とのコミュニケーションがスムーズになるわけじゃないよね。愛情とか信頼とかなかったら、テレビ見るだけで絆が深まることなんてないと思うし。
先生	**逆接は？**
ゆり	でも私は高3で普段受験勉強で忙しいから、そんなふうに一緒にニュースを見なかったら、家族と過ごす時間が減っちゃう。
先生	良いんじゃないかな。まとめるとこんな感じだね。

① テレビが友人や家族とのコミュニケーションに悪影響を及ぼすという意見に反対だ。

② Ⓐテレビ番組は Ⓑ友人や家族との関係で大事な役割を果たす。

③ Ⓒ一緒にテレビを見ると Ⓓ友人や家族と意見が交換できるから。

④ 例えば Ⓔ家族とニュース番組を見ると Ⓕコミュニケーションに良い影響がある。

⑤ 例えば私は Ⓖ姉と「BBC World News」というニュース番組を見て、ⒽSDGsといったような時事問題について意見交換する。

⑥ 確かに Ⓘテレビを一緒に見るだけで Ⓙ家族とのコミュニケーションがスムーズになるわけではなく、Ⓚ愛や信頼など、他にも多くの要素が必要ではある。

⑦ しかし Ⓛそのようなニュース番組がなかったら、Ⓜ私は受験勉強で忙しい高校3年生なので、家族と過ごす時間が減ってしまうだろう。

先生　良い感じだね。この流れでテンプレートを活かして書けたかな？
ゆり　こんな感じになりました。

テンプレート

Ⓐ play an essential role in Ⓑ. Ⓒ make it possible Ⓓ for~ to V. For example, Ⓔ have a positive effect on Ⓕ. In fact, Ⓖ help Ⓗ ~ (to) V. Of course, Ⓘ may not necessarily result in Ⓙ, which call for some other factors, such as Ⓚ. However, without Ⓛ, it would be 形容詞 Ⓜ for~ to V.

＊過去のことを仮定している場合にはit would have been 形容詞 Ⓜ for~ to V.

英作文

I disagree with the statement that television has an adverse impact on communication among friends and family members. Rather, Ⓐtelevision programs can play essential role in Ⓑinteracting with them. ⒸSharing television programs with your family members make it possible Ⓓfor you to exchange opinion with them more often. For example, Ⓔwatching the same news program with your family can have a positive effect on Ⓕyour daily communication with them. In fact, ⒼA program called BBC World News helps Ⓗme exchange opinions on current affair, including the Sustainable Development Goals (SDGs), with my older sister. Of course, Ⓘwatching television with friends and family members may not necessarily result in Ⓙbetter communication with them, which calls for many other factors, such as Ⓚlove and trust. However, without Ⓛsuch a news program, it would be difficult Ⓜfor me, a high school senior busy with studies, to communicate with my family members as much.

こうき　良い感じだね！　スッキリ頭に入ってくるよ。
先生　　うまくテンプレートを活用できたんじゃないかな。

ゆり	でもけっこう急いで書いたから、文法が雑になっちゃったかも。
とも	こうき君ほどじゃないけど、ちょこっと「s」のつけ忘れがある。
ゆり	うん。自分でも何個か見つけたよ。
先生	そうだね。「因果関係」とか「抽象から具体」の流れもちゃんと書けたとは思うんだけど、やっぱり内容とか表現に意識がいくと、文法が雑になっちゃう傾向は誰にでもあるよね。
ゆり	なるべくSVに気をつけながら書くようにしたつもりなんだけど、やっぱり三単現の「s」のつけ忘れがあるよね。
先生	よく気づけたね。例えば？
ゆり	上から5行目の「make」に三人称単数の「s」をつけないといけなかった。「Sharing」がSだから。
先生	そうだね。動名詞をSにしたときの三単現のsのつけ忘れは本当に多いから気をつけようね。
ゆり	それ以外にも間違いってありますか？
先生	3つだけあるかな。
ゆり	やっぱりあったんだ。
先生	そうだね。冠詞と名詞に関する間違いだよ。
ゆり	1回自分でチェックしてみても良いですか？
先生	やってみて。
ゆり	あ、1つは見つかったかも。
先生	言ってみて。
ゆり	3行目は「play essential role」じゃなくて「play an essential role」ですよね。「an」をつけるの忘れちゃった。
先生	そうだね。**冠詞は日本語から発想すると忘れがち**だけど、少なくともテンプレートの表現についているものは、しっかり定着させておくようにしようね。
こうき	僕もあんまり人のこと言えないな。気をつけなくちゃ。
ゆり	あと2つあるってことですよね？　さっと読み返しても気づかなかったなあ。
なみ	1つ見つかったかも。
ゆり	え、うそ。どこ？

なみ	5〜6行目の「exchange opinion」の「opinion」を「opinions」に しないといけないんじゃない？
先生	そうだね。
とも	「互いにいろいろ意見を交換する」って感じだからね。
ゆり	確かにそうだね。
先生	あと1つは？
ゆり	あ、もしかして下から7行目の「current affair」を「current affairs」 にするってことかな？　「いろいろな時事問題」って感じだから。
先生	その通り！　よく気づけたね！　**普段のリーディングで名詞に気をつ けて読むクセをつけておくと、そういう間違いが減ってくるよ。**
ゆり	そうします！

I disagree with the statement that television has an adverse impact on communication among friends and family members. Rather, ⒶTelevision programs can play an essential role in ⒷInteracting with them. ⒸSharing television programs with your family members makes it possible ⒹFor you to exchange opinions with them more often. For example, ⒺWatching the same news program with your family has a positive effect on ⒻYour daily communication with them. In fact, ⒼA program called BBC World News helps ⒽMe exchange opinions on current affairs, including the Sustainable Development Goals (SDGs), with my older sister. Of course, ⒾWatching television with friends and family members may not necessarily result in ⒿBetter communication with them, which calls for many other factors, such as ⓀLove and trust. However, without Ⓛsuch a news program, it would be difficult ⓂFor me, a high school senior busy with studies, to communicate with my family members as much. (150 words)

Lesson 7　実践演習にチャレンジ　その1

ゆりの完成和訳

テレビが友人や家族とのコミュニケーションに悪影響を及ぼすという意見には賛成しかねる。むしろ、テレビ番組は、彼らとの交流に不可欠である。家族と一緒にテレビ番組を見ることで、家族との意見交換の頻度が上がるからだ。例えば、家族と同じニュース番組を見ることで、日頃のコミュニケーションに良い影響がある。実際、「BBCワールドニュース」という番組のおかげで、私は、持続可能な開発目標(SDGs)をはじめとする時事問題について、姉と意見を交換することができる。もちろん、友人や家族と一緒にテレビを見たからといって、必ずしもコミュニケーションが向上するわけではない。それには愛情や信頼など、さまざまな要素が必要となってくるからだ。しかし、このようなニュース番組がなければ、勉強で忙しい高校3年生の私は、家族とコミュニケーションが取りにくくなってしまうだろう。

とも　次は俺の出番かな。

先生　まずTelevision is bad for communication among friends and family members.っていう意見に賛成かな？　それとも反対かな？

とも　こうき君とゆりちゃんと同じになっちゃって面白くないんだけど、反対です。テレビって友達とか家族とのコミュニケーションに役立つと思うから。

先生　どうしてかな？

とも　これも2人と同じで申し訳ないんだけど、いろいろ意見交換するきっかけになるからかな。例えば映画を家族と一緒に見ると、いろいろ意見が交換できるよね。

先生　例えば？

とも　先週弟と妹と「ハリー・ポッター」を見て、登場人物についていろいろ語り合って楽しかったな。

先生　譲歩は？

とも	確かに、テレビを一緒に見るだけで家族とのコミュニケーションが良くなるわけじゃない。それには誠実さとか、優しさとか、許しとか、他にもいろいろな要素が関わってくる。
先生	逆接は？
とも	ここも2人のと似てるんだけど、そういうテレビ番組がなかったら、大学進学を控えた高校3年生は忙しいから、家族とのコミュニケーションが減っちゃう。
先生	うんうん。良い感じで構成が作れたんじゃないかな。それをテンプレートを活かして英語にすると？
とも	けっこう自信作です。

ともの答案の確認

テンプレート

The important role ⓐ play in ⓑ cannot be overestimated. ⓒ enable ⓓ ~ to V. For instance, ⓔ have a positive impact on ⓕ. In fact, ⓖ allow ⓗ ~ to V. Admittedly, ⓘ may not guarantee ⓙ, which involve many other factors, including ⓚ, to name but a few. However, *were it not for ⓛ, it would be 形容詞 ⓜ for~ to V.

*過去のことを仮定している場合にはHowever, had it not been for ⓛ, it would have been 形容詞 ⓜ for~ to V.

英作文

I disagree the statement that television interfere with communication among friends and family members. The important role ⓐtelevision plays in ⓑinteracting with family members cannot be overestimated. ⓒWatching television programs with your loved ones enable ⓓyou to engage in active exchanges of opinions with them. For instance, ⓔwatching a movie on TV have a positive impact on ⓕyour interactions with your family. In fact, last week, ⓖI enjoyed the movie

179

"Harry Potter" with my brother and sister, which allow Ⓗus to exchange opinions about the various characters that appeared in it. Admittedly, Ⓘthe mere sharing of TV program may not guarantee Ⓙbetter communication with your family members, which involve many other factors, including Ⓚhonesty, kindness and forgiveness, to name but a few. However, were it not for Ⓒthose TV programs which encourage communication with my family members, it would be difficult Ⓜfor me, busy college-bound high school senior, to communicate my family so frequently.

とも　　ちょっと長くなっちゃったけど、内容的にも英語的にも非の打ち所がないんじゃない？　自分でも完璧だと思う。

こうき　何かすごいの出てきたね。

とも　　ただテンプレートに当てはめただけだから。この程度の英作文なら誰でも書けるんじゃない？

先生　　すごく良い感じで書けてるよ。特に Ⓖ のところで、「, which」を使ってアレンジしているのが面白いね。

とも　　**関係代名詞の非制限用法**ってやつですね。便利だからけっこう使ってます。

先生　　そうだね。**「, which」は前の文の一部、または全体を先行詞にすることができる**から、覚えておくと、これまで学習したフレーズが使いやすくなるよ。この例を見てみよう。

私はお腹が空いていたので、宿題に集中することができなかった。

先生　　この日本語を英語にしてみよう。

こうき　I was hungry, so I couldn't concentrate on my homework.って感じで良いんですよね？

先生	もちろん正しい文ではあるよ。
こうき	あ、また譲歩ですね。ダメ出しされるな。
先生	ははは。I was hungry, so I couldn't concentrate on my homework.っていう文は、間違ってはいなんだけど、英作文で連発したくない文なんだ。
ゆり	どうしてですか？
先生	「I」みたいな主語で始めて、ひたすら「so」でつなぎまくるっていう英作文の答案って、日本人学習者にはすごく多いんだ。
こうき	「**英語はIで始めるな**」ってことですか？
なみ	先生がよく言ってますよね。
こうき	「I」とか「so」の連発を防ぐにはどうしたら良いんだろう。
先生	良い質問だね！ **「so」と言いたくなったら「which」にすれば良いん**だ。

> 私はお腹が空いていたので、宿題に集中することができなかった。
> I was hungry, so I couldn't concentrate on my homework.
> ➡ I was hungry, which...

先生	この続きはどうすれば良い？
ゆり	わかったかも。I was hungry, which made it impossible for me to concentrate on my homework.って感じかな。
先生	OK！
なみ	「impossible」系の内容だから、「prevent」も使えるね。
先生	そうだね。それを使って今の内容を英語にしてみて。
なみ	I was hungry, which prevented me from concentrating on my homework.になる。
先生	OK！

私はお腹が空いていたので、宿題に集中することができなかった。

I was hungry,
{
so I couldn't concentrate
which made it impossible for me to concentrate
which prevented me from concentrating
}
on my homework.

先生 　こんなふうに「, which」を使うと、前のレッスンで学習したフレーズ
　　　　が使いやすくなるから覚えておくと良いよ。

こうき 　それをここで使ってきたとも君ってすごいなあ。

とも 　　俺は特別なことだと思ってないけどね。

なみ 　　そんなこと言いながら、うれしそう。

先生 　**あと「, which V」は「, V-ing」にもできる**から一緒に覚えておくとさ
　　　　らに表現の幅が広がるよ。

ゆり 　　例えば「, which prevented」なら「, preventing」にできるんだね。

先生 　　その通り。意味上の主語は前の文の内容になるんだよ。

I was hungry,
{
which prevented
preventing
}
me from concentrating on my homework.

先生 　英作文の確認に戻ろうか。ここでテンプレートにはなかった
　　　　「, which」を活用してきたのは確かに素晴らしいことではある。

こうき 　あ、出た！　譲歩！

先生 　　でも表現に注意がいくと、文法が雑になる傾向があるんだったね。

とも 　　確かに。俺やらかしてるわ。

先生 　　確認してみようか。

Last week, ⓖI enjoyed the movie "Harry Potter" with my
brother and sister, which allow us to ⓗexchange opinions
about the various characters that appeared in it.

とも	「which」は前の「Last week, I enjoyed the movie "Harry Potter" with my brother and sister,」を指してるんだけど、過去の話だから、「allow」じゃなくて「allowed」にしなくちゃいけなかったわ。
こうき	とも君でもそういうミスするんだね。
とも	まあ人間完璧じゃないからね。待てよ……。
なみ	どうしたの？
とも	他にもミスしてるかもしれないからもう1回自分で見てみるわ。
先生	うん。自分で気づけるのは大事なことだよ。

　ともの答案の確認

英作文

I disagree the statement that television interfere with
communication among friends and family members. The
important role ⓐtelevision plays in ⓑinteracting with family
members cannot be overestimated. ⓒWatching television
programs with your loved ones enable ⓓyou to engage in active
exchanges of opinions with them. For instance, ⓔwatching a
movie on TV have a positive impact on ⓕyour interactions with
your family. In fact, last week, ⓖI enjoyed the movie "Harry
Potter" with my brother and sister, which allowed ⓗus to
exchange opinions about the various characters that appeared
in it. Admittedly, ⓘthe mere sharing of TV program may not
guarantee ⓙbetter communication with your family members,
which involve many other factors, including ⓚhonesty, kindness

Lesson 7　実践演習にチャレンジ　その1

183

and forgiveness, to name but a few. However, were it not for
ⓛthose TV programs which encourage communication with my
family members, it would be difficult ⓜfor me, busy college-
bound high school senior, to communicate my family so
frequently.

とも	最初の文で2つもミスしてる。「disagree」は「disagree with」だし、「interfere with」は「interferes with」だ。自分が信じられないわ。ちょっと待って……。
ゆり	どうしたの？
とも	5行目の「enable」も「enables」にしなきゃ。「watching」がSだから、動詞に三単現のsをつけないと。
なみ	あ、あと7行目の「have」も「has」だね。
とも	ほんとだ。「can have」にすると間違えにくくなるな。それも「watching」っていう動名詞がSだもんね。俺何個ミスした？ ここまでで4個か。最悪だ。もっとありそうだな。ちょっと待って。
先生	あせらなくて良いからね。
とも	下から6行目の「which involve」も「which involves」だね。先行詞は「communication」だから。あとは……。
こうき	もうないんじゃない？
とも	あ、下から1行目の「communicate」は「communicate with」にしないと。「〜とコミュニケーションする」っていう意味だと、「communicate」は自動詞だから。
先生	とにかく**SVの一致は必ず確認する**習慣をつけようね。
とも	他に間違ってるところありましたか？
先生	あと2つあったかな。
とも	マジかあ。どこですか？
先生	1つは①の「the mere sharing of TV program」ってとこだよ。
とも	あ、ほんとだ。「TV program」じゃなくて「TV programs」とかにしないと。「program」って可算名詞だから。

先生	そうだね。
とも	「the mere sharing of」ってところで表現を工夫したから、その後が雑になっちゃったのかな。
先生	**「the mere V-ing of〜」で「ただ〜をVすること」っていう意味**になるね。それを使ったのは立派だから、あとは文法に気をつけるようにするだけだよ。
とも	あと1つあるんですよね?
先生	うん。さっきの「program」と同じようなミスだよ。
とも	ちょっと待ってくださいね……。あ、わかった! 下から2行目の「college-bound senior」に「a」がない! ここも「college-bound」っていう形容詞を使うことに注意がいっちゃったからかな。
先生	内容・表現・文法を全部整えるのは本当に難しいことだよね。
とも	俺9個も間違えたってことか。ショックだわ。
先生	内容も表現もすごく良かったから、そんなに落ち込まなくて良いよ。「SVの一致」と「名詞の扱い」に注意するだけで、ものすごく良い英作文になるからね。文法の知識もちゃんとあるんだから。
とも	絶対リベンジします。
こうき	Good luck!
とも	こうき君にだけは言われたくないよ……。

I disagree with the statement that television interferes with communication among friends and family members. The important role ⒶTelevision plays in Ⓑinteracting with family members cannot be overestimated. ⒸWatching television programs with your loved ones enables Ⓓyou to engage in active exchanges of opinions with them. For instance, Ⓔwatching a movie on TV can have a positive impact on Ⓕyour interaction with your family members. In fact, last week, ⒼI enjoyed the movie "Harry Potter" with my brother and sister, which allowed Ⓗus to exchange opinions about the various characters that appeared in it. Admittedly, Ⓘthe mere sharing of TV programs may not guarantee Ⓙbetter communication with your family members, which involves many other factors, including Ⓚhonesty, kindness and forgiveness, to name but a few. However, were it not for Ⓛthose TV programs which encourage my communication with my family members, it would be difficult Ⓜfor me, a busy college-bound high school senior, to communicate with my family so frequently. (160 words)

テレビが友人や家族とのコミュニケーションに悪影響を及ぼすという意見には賛成しかねる。家族との交流においてテレビが果たす重要な役割は極めて重要である。大切な人と一緒にテレビ番組を見ることで、活発な意見交換をすることが可能だからだ。例えば、テレビで映画を見れば、家族との交流に良い影響がある。実際、先週、私は兄妹と一緒に「ハリー・ポッター」を楽しんで、さまざまな登場人物について意見を交わすことができた。確かに、テレビ番組を一緒に見ただけで、家族とのコミュニケーションがうまくいくとは限らない。それには誠実さ、優しさ、許しといったようなさまざまな要素が必要になってくるからだ。しかし、家族とのコミュニケーションを促進してくれるテレビ番組がなければ、高校3年生で大学進学を控えて多忙な私は、家族とそこまで頻繁にはコミュニケーションを取れなくなってしまうだろう。

ゆり　ところで、なみちゃんの英作文は？

なみ　この授業そろそろ終わりじゃない？　だからうちのを見る時間ないよ。今回は遠慮しとく！

こうき　そっか。楽しみにしてたんだけどな……。

先生　確かにもう時間だね。

ゆり　けっこう良い感じで展開作れたし、テンプレートを使ってスムーズに書けるっていうのを実感できたから、楽しかったな。

こうき　僕も！　ちょこっと間違いはあったけどね。

とも　俺は絶対次回リベンジするから！

先生　それじゃあLesson 7はここまでにしておこう。次回Lesson 8は実践演習第2回だよ。今までやったことをしっかり復習しておこうね。**お風呂の中でテンプレートを思い出せるかどうかを確認してみるのも効果的**だよ。

なみ　毎日の習慣にします！

実践演習に
チャレンジ
その2

短めの英作文②

Lesson 8

実践演習に
チャレンジ
その2

短めの英作文②

┤ **Lesson 8のポイント** ├

実践演習第2回目です。Lesson 7ではLesson 4で作ったポジティブな内容の段落を書くためのテンプレートを活用しました。このLesson 8ではLesson 6で作ったネガティブな内容の段落を書くためのテンプレートを活用して自由英作文を完成させましょう。テンプレートを使って自分なりの英作文を完成させてからこのレッスンを読むと効果的です。重要表現もいくつか紹介しますので、今までのテンプレートにプラスして、さらにパワーアップさせられるように一緒に頑張りましょう!

◎ 100語の英作文を完璧に!

> 例題
>
> **Do you agree or disagree with the opinion that progress is always good?**

先生　Lesson 8の授業を始めるよ。今回はProgress is always good.っていう主張に賛成か反対か答えていこう。

なみ　「進歩は常に良い」ってことですよね?

先生　そうだね。

なみ　「100%」って断定しきってるものに賛成するのって難しいよね。

とも　確かにな。1つでも例外があったら賛成できないわけだし。だから反対するしかないことが多いよ。

先生　じゃあ30分でどこまで書けるかチャレンジしてみようか。ちゃんと「因果関係」と「抽象から具体の流れ」を意識して構成を考えた上で、テンプレートを使っていこう。テンプレートを少しアレンジしても構わないよ。

こうき　よっしゃ！　頑張ろう！

（30分後）

先生　みんなちゃんと書けたかな。

なみ　良い感じに仕上がったと思う。

こうき　前回なみちゃんの見られなかったから、今回楽しみにしてたんだよね。

なみ　実は前回あんまりうまく書けなかったから静かにしてたんだ。

ゆり　そうだったのか。何か変だなって思ってた。

なみ　今回はけっこうよく書けたはずだから楽しみにしてて！

先生　じゃあ、なみさんのを見ていこうか。まず「Progress is always good.」っていう意見には反対ってことで良いかな？

なみ　はい。Ⓐ工業化が Ⓑ人の生活に悪影響を与えることってあると思うんで。

先生　どうしてかな？

なみ　Ⓒ工業化が進むと、環境汚染によって Ⓓ安全で快適な暮らしがしにくくなることがあると思うんですよ。

先生　例えば？

なみ　Ⓔ途上国で工業化が進んできてるけど、それで大気汚染が深刻になって、Ⓕそこに暮らす人が健康を維持できなくなってると思うんです。

先生　例えば？

なみ　ニュースで見たんだけど、Ⓖ中国の工業化でPM2.5による大気汚染が深刻になって、きれいな環境が奪われて、Ⓗ多くの市民が快適に暮らせなくなってる。

先生　譲歩は？

なみ　確かにⒾ大規模な工業化にはプラスの面もある。Ⓙインフラがどんどん整備されていくし。

先生	逆接は？
なみ	でもそんな [Ⓚ]大気汚染がなかったら、[Ⓛ]人々はもっと健康な暮らしができる。
先生	良い感じだね！　自分のテンプレートを使ってそれを英語にできたかな？
なみ	テンプレートをちょこっとアレンジして、良い感じに仕上がったと思います！

⟫ なみの答案の確認

> ### テンプレート
>
> Ⓐ have a detrimental influence on Ⓑ. Ⓒ keep Ⓓ ~ from V-ing. For instance, Ⓔ prevent Ⓕ~ from V-ing. In fact, Ⓖ make it impossible Ⓗ for ~ to V. To be sure, there may be some advantages to Ⓘ, such as Ⓙ ~. 自分なりの仮定法の文でⓀとⓁの内容を表現して前文を逆接。
>
> ＊Ⓘの前のtoは、前置詞なので、後ろには名詞を置く。

> ### 英作文
>
> I am against the statement that the progress always has a positive effect. [Ⓐ]Industrial progress can have a detrimental influence on [Ⓑ]people because [Ⓒ]environmental pollution can keep [Ⓓ]them from living safe and comfortable lives. For instance, [Ⓔ]severe air pollution in the developing world has prevented [Ⓕ]those who live there from maintaining their health. In fact, [Ⓖ]industrial air pollution from PM2.5 in China have robbed many of its citizens of their clean environment, making it impossible [Ⓗ]for them to live comfortably. To be sure, there may be some advantages to [Ⓘ]extensive industrialization, such as [Ⓙ]a rapidly improving infrastructure. However, if it were not for [Ⓚ]such serious air pollution, it would be possible [Ⓛ]for them to live far healthier lives.

先生	おお、見事にテンプレートを使って英語にしてきたね。
なみ	けっこう自信作です。
こうき	さすがだねえ。
先生	どんなところがすごいと思う？
こうき	えっと、いろいろあるけど、⑥と⑪のところが良い感じかな。
なみ	あ、気づいてくれた？　そこけっこう工夫したところなんだよね。

⑥Industrial air pollution in China have robbed many of its citizens of their clean environment, making it impossible ⑪for them to live comfortably.

ゆり	前のレッスンで出てきた「rob A of B」をうまく組み込んでると思う。
先生	そうだね。「~ rob A of B」っていうのは、「〜のせいでAはBできない」って考えておくと良かったね。
こうき	あと「, making」にしたのも良い感じ。
先生	そうだね。**「, which V」は「, V-ing」にできる**んだったね。そうやって習ったことをどんどん実践していくのはすごく大切なことではある。
こうき	あ、出た！　譲歩だ！
先生	うん。もう1回さっきの文を見てみようか。
なみ	あ！　⑥のところ、「have」じゃなくて「has」だ！　Sが「pollution」だから。SVを一致させるの忘れてた！　完璧に書けたと思ってたんだけどな。
先生	過去形じゃなくて現在完了形を使わないといけないって気づけたのは素晴らしいことだよ。そこで迷わず「have」って書くんじゃなくて、Sとの一致にまで気をつけられるようになると完璧だね。
なみ	次は気をつけます。1つ間違いがあると他にもいっぱいある気がしてきたな。ちょっと待ってくださいね。
先生	自分で見直ししてごらん。
なみ	はい！

なみ　うーん、特に見当たらないかな。SVも他は合ってると思うし、冠詞のつけ忘れもない気がするし。

先生　実は1つミスがあるんだな。

なみ　え、ほんとですか？

先生　本当だよ。ヒントは「トピックの文をよく読んでみよう」ってことかな。

> **トピック：Do you agree or disagree with the opinion that progress is always good?**

ゆり　このどこにヒントがあるんだろう。

こうき　何かわかった気がするぞ。トピックってProgress is always good. でしょ？

なみ　あ！

こうき　ね。「progress」って「a progress」とか「progresses」になってないから、**数えられない名詞**ってことだよね。

先生　良いところに気がついたね！

なみ　わかった。うち最初にI disagree with the statement that the progress always has a positive effect.って書いちゃったけど、「the progress」じゃなくて「progress」にしないといけないんだ。

ゆり　でも不可算名詞って「the」をつけちゃいけないわけじゃないでしょ？

先生　確かにそうなんだけど、**不可算名詞を使って一般論を書く場合には無冠詞になる**んだ。例えば「information」っていうのは不可算名詞の代表例だよね。

とも　そうですね。

先生　だから**「情報というものは大切だ。」っていう一般論を書く場合には** Information is important.っていうふうに書くんだよ。

不可算名詞を使って一般論を書く場合➡無冠詞になる

※「情報というものは大切だ。」を英語にすると「Information is important.」

とも　The information is important.って書くと、「その情報は大事だ。」って感じになっちゃうよね。

先生　その通り。だから「進歩というものは〜」っていう内容のときも同じように不可算名詞の「progress」を無冠詞で使って書かないといけないんだよ。

なみの完成英作文

I am against with the statement that progress always has a positive effect. ⒶIndustrial progress can have a detrimental influence on Ⓑpeople because Ⓒenvironmental pollution can keep Ⓓthem from living safe and comfortable lives. For example, Ⓔsevere air pollution in the developing world has prevented Ⓕthose who live there from maintaining their health. In fact, ⒼIndustrial air pollution from PM2.5 in China has robbed many of ⒽIts citizens of their clean environment, making it impossible for them to live comfortably. To be sure, there may be some advantages to Ⓘextensive industrialization, such as Ⓙa rapidly improving infrastructure. However, if it were not for ⓀSuch serious air pollution, it would be possible Ⓛfor them to live far healthier lives. (118 words)

進歩が常に良い影響をもたらすという意見には賛成しかねる。工業が発達して人類に悪影響を及ぼすこともある。環境汚染によって人々が安全で快適な生活を営めなくなってしまうことがあるからだ。例えば、発展途上国では深刻な大気汚染が発生し、そこに住む人々が健康を維持できなくなっている。実際、中国の産業化で大気汚染が発生し、国民の多くが清潔な環境を奪われ、快適な生活が送れなくなっている。確かに大規模な工業化には、インフラが急速に整備されるといったようなメリットもあるかもしれない。しかし、このような深刻な大気汚染が発生していなければ、そのような人たちは、はるかに健康的な生活を送ることができるであろう。

先生 　ミスもあったけど、良いところの方が多いよ。「advantages」の後ろに「such as」で例をつなげたところも上手だったね。テンプレートになくても、**名詞を書いたら「such as」「including」みたいな語句を使って、具体例を足す**のは大事なことだよ。なみさん頑張ったね！

なみ 　ありがとうございます！

先生 　他のみんなはどうだったかな？　うまく書けたかな？

とも 　俺は前回のリベンジしたいです！

先生 　前回のも、ちょこっと文法のミスがあっただけで、かなりよく書けてたけどね。

とも 　悔しくてあんまり寝れなかったんで。今回は本気出しました。

先生　じゃあ、とも君のを見てみようか。まず Progress is always good. っていう意見には反対ってことで良いかな？

とも　はい。だって、[Ⓐ]科学技術が発展して[Ⓑ]人間とか動物とかに悪影響があることなんていくらでもあるじゃないですか。

先生　どうしてかな？

とも　[Ⓒ]技術が発展するとヤバいものがいっぱい発明されちゃって、[Ⓓ]人間や動物のかけがえのない命が危険にさらされることってありますよね。

先生　例えば？

とも　[Ⓔ]科学技術が発展して、大量破壊兵器が発明されると、[Ⓕ]一般市民の平和な生活が乱されちゃうし。

先生　例えば？

とも　うんと、[Ⓖ]広島と長崎に原爆が落とされて、[Ⓗ]一瞬にして多くの一般市民の命が奪われることになった。

先生　譲歩は？

とも　確かに[Ⓘ]21世紀にITがどんどん発展して、[Ⓙ]人々にとって便利になってきてるところはある。

先生　逆接は？

とも　[Ⓚ]科学技術が発展してなかったら、[Ⓛ]人類の生存を脅かしてきた武器が発明されることはなかった。

先生　良い感じで構成が作れたね。

とも　テクノロジー系は得意分野なんで。

先生　それを前の時間で作ったテンプレートを活かして英語にできたかな？

とも　テンプレートがなくても普通に書けたと思うんですけど、せっかくなんで一応使ってみました。

ともの答案の確認

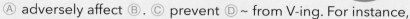

Ⓐ adversely affect Ⓑ. Ⓒ prevent Ⓓ ~ from V-ing. For instance, Ⓔ interfere with Ⓕ. In fact, Ⓖ deprive Ⓗ ~ of ~. It may be true that some Ⓘ can have a positive influence on Ⓙ. 仮定法を使って自分の言葉で Ⓚ と Ⓛ の内容を書く。

英作文

I strongly disagree with the statement that progress always benefit people. Rather, Ⓐthe development of science and technology can adversely affect Ⓑhumans and other animals in that Ⓒthe invention of deadly devices may prevent Ⓓthem from living peacefully. For instance, Ⓔtechnological development has led to the creation of numerous weapons of mass destruction, which can seriously interfere with Ⓕthe peaceful lives of ordinary citizens. In fact, Ⓖthe atomic bombs dropped on Hiroshima and Nagasaki instantly deprived Ⓗhundreds of thousands of innocent civilians of their precious lives. It may be true that there are some Ⓘaspects of technological progress, such as the rapid development of information technology in the 21st century, that can have a positive influence on Ⓙhumanity. However, without Ⓚtechnological development, it would have been impossible to Ⓛcreate those lethal weapons that have threatened the survival of the human race.

先生　これはすごいね。なかなか解説しがいのある英作文だ。

とも　前回のリベンジしないといけなかったんで。

先生　ものすごく良く書けてるんだけど……。

とも	まさか……。
先生	文法の間違いがあるよ。
とも	マジか、ショックだわ。自分で探しても良いですか？
先生	良いよ。みんなも一緒に探してみようか。
とも	何かあるかな？
こうき	見つかった！　SVを探しはじめたらすぐに見つかったよ。2行目の「benefit」って、「benefits」だよね？
とも	あ……。
ゆり	「progress」がSだから「benefit」っていうVに三単現の「s」をつけて「benefits」にしないといけないよね。
とも	確かに。トピックのProgress is always good. を「benefit」で言い換えられると思って調子に乗った瞬間に、文法が適当になっちゃったんだな。リベンジ大失敗だ。
先生	**SVの間に副詞が入ると、三単現の「s」を忘れる人は少なくないよ。**
こうき	僕なら「can always benefit」とかで逃げるなあ。
とも	はあ。いきなりトピックセンテンスで間違えてるのか。テンション下がるわ。きっと残りも間違いだらけだな。最悪だ。
先生	本当に間違いだらけかな？
とも	え？
先生	実は文法的な間違いはその1つだけだよ。内容だけじゃなくて文法にも気をつけてちゃんと書けてるから落ち込む必要ないよ。ほぼ完璧だから。
とも	「ほぼ」じゃ嫌なんですよ。
こうき	僕は「ほぼ完璧」で全然OKだけどな。
とも	俺はこうき君と違うから。
こうき	だよね……。
先生	この英作文からは学ぶべきところがたくさんあるから、早速見ていこうか。どんなところが素晴らしいと思う？

I strongly disagree with the statement that progress always benefits people. Rather, ⒶThe development of science and technology can adversely affect ⒷHumans and other animals in that ⒸThe invention of deadly devices may prevent ⒹThem from living peacefully. For instance, ⒺTechnological development, which has led to the creation of numerous weapons of mass destruction, can seriously interfere with ⒻThe peaceful lives of ordinary citizens. In fact, ⒼThe atomic bombs dropped on Hiroshima and Nagasaki instantly deprived ⒽHundreds of thousands of innocent civilians of their lives. It may be true that there are some ⒾAspects of technological progress, such as the rapid development of information technology in the 21st century, that can have a positive influence on ⒿHumanity. However, without ⒦Technological development, it would have been impossible to ⒧Create those lethal weapons that have threatened the survival of the human race. (140 words)

和　訳

進歩が常に人間に利益をもたらすという意見には強く反対する。むしろ科学技術の発展によって人間や他の動物に悪影響が及ぶこともある。致命的な装置の発明によって人間や他の動物が平穏な暮らしができなくなる可能性があるからだ。例えば、技術開発によって大量破壊兵器が次々と生み出されると一般市民の平和な生活が著しく阻害されかねない。実際、広島と長崎に投下された原子爆弾によって一瞬にして何十万人もの罪のない市民の尊い命が奪われた。確かに、21世紀に入ってからのITの急速な発展のように技術の進歩が人間の生活にプラスの影響を与えるところもあるかもしれない。しかし、技術の発展がなければ、人類の生存を脅かしてきた殺傷兵器を作ることはできなかったであろう。

こうき　ⒶThe development of science and technology can adversely affect Ⓑhumans and other animals in that Ⓒthe invention of deadly devices may prevent Ⓓthem from living peacefully.っていうところ、すごいよね。

とも　普通にテンプレート埋めただけじゃん。

こうき　僕は全然普通じゃないと思うよ。

先生　どういうところが？

こうき　まずⒶⒷとⒸⒹの文を「in that SV」で繋いでるとこがすごいと思う。

先生　確かにそうだね。「in that SV」ってどういう意味かな？

ゆり　文法のテキストに載ってたかも。「SがVするという点で」っていう意味ですよね？

先生　その通り。文法事項として知ってるっていう人は、みんなみたいなハイレベルクラスの生徒には多いかもしれないけど、実際に使える人はけっこう少ないよね。

なみ　確かに1回も使ったことないかも。

先生　「in that SV」って「for the reason that SV」って感じだから……。

こうき　ある意味「**because**」の代わりってことか。

先生　そうだね。

ゆり　それなら私にも使えそう。

先生　他に良いところは？

こうき　Ⓒの「deadly devices」っていうのも僕には書けないかも。「ヤバい武器」だっていうのは何となくわかるけど。

ゆり　私なら「dangerous weapons」って書いてたかな。

先生　そうだね。**動詞を相性の良い副詞で修飾するのと同じように、名詞を形容詞で修飾できるようにするのも大切なこと**だよ。「deadly weapons」とか「lethal weapons」で「死をもたらすような恐ろしい武器」って意味になるね。**普段から形容詞＋名詞のセットで覚えておく**ようにするとスピーキングやライティングで役立つよ。

とも　リーディングのテキストとかで普段からそれめっちゃ意識してます。

先生　素晴らしいことだね。だからライティングでも単語を正しく組み合わせて使えるんだね。

とも　みんなやってるものだと思ってました。

先生　他に良いところは？

なみ　Ⓔtechnological development, which has led to the creation of numerous weapons of mass destruction, can seriously interfere with Ⓕthe peaceful lives of ordinary citizens. もすごいな。

先生　どんなところが？

なみ　いろいろすごいと思うけど、まず「lead to」を使ってるとこかな。

先生　テンプレートの譲歩のところで使ったよね。**「lead to」を使いこなせ**

ると因果関係をスムーズに英語で示せるようになるから、ここで詳しく見ていくよ。次の文を見てみよう。

> **怠けていたから私は試験に落ちた。**

先生　この文を英訳するとどうなるかな？

こうき　普通に英語にすると「I was lazy, so I failed in the exam.」って感じかな。

なみ　「in」は入れずに「I was lazy, so I failed the exam.」って言うことが多いんだよ。

先生　そうだね。

> 怠けていたから私は試験に落ちた。
> **I was lazy, so I failed (in) the exam.**

先生　「I was lazy, so I failed (in) the exam.」みたいな文は比較的書ける人が多いんだ。でも「SV, so SV.」っていうパターンを何度も繰り返すのはあんまり良いことじゃない。**同じ内容でも複数通りで表現できるようになるのは英作文では特に大事**なことだよ。

こうき　どうやったらいろいろな表現を身につけられるようになるんですか？

先生　**「I」が多すぎるなと思ったら「my」を使うようにすると書ける文の種類が増える。「I was lazy.」っていう文を「My laziness」っていう名詞のカタマリにしてみる**ってことだよ。

ゆり　「I failed (in) the exam.」っていうのは「my failure in the exam」っていう名詞のカタマリにできますよね？

先生　素晴らしいね！

怠けていたから私は試験に落ちた。

| I was lazy | , so | I failed (in) the exam |

名詞のカタマリにする

| My laziness | ~ | my failure in the exam |

原因 ➡ 結果

先生　こんな感じで因果関係のある名詞を並べることができたら「〜」のところに動詞を入れてあげると文が完成するよ。例えばどんな動詞が入れられるかな？

とも　ベタなやつだと「cause」が使える。My laziness caused my failure in the exam.って感じで。

先生　その通り！　「cause」は「矢印代わり」って思っておくと使いやすくなるよ。他にはどんな動詞が使えるかな？

こうき　さっきとも君が使ってた「lead to」が使えるよね。

先生　それを使うとどうなる？

こうき　My laziness lead to my failure in the exam.って感じだね。これめっちゃ便利だ。簡単に因果関係を表せる。

先生　確かに便利ではあるけど……。

こうき　あ、譲歩だ。ちょっと待ってください！

先生　慌てなくて大丈夫だよ。

こうき　「lead」じゃなくて「led」だ！　過去の話だし。

先生　その通り。何度も繰り返してきたけど、表現に意識が集中すると文法がおろそかになりがちだから気をつけようね。

こうき　My laziness led to my failure in the exam.だ！

先生　あとは、「cause」と「lead to」と一緒に「result in」も覚えておくと便利だよ。まとめておくね。

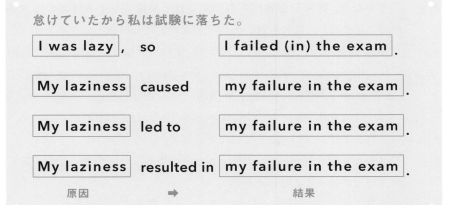

怠けていたから私は試験に落ちた。

| I was lazy | , so | I failed (in) the exam | . |

| My laziness | caused | my failure in the exam | . |

| My laziness | led to | my failure in the exam | . |

| My laziness | resulted in | my failure in the exam | . |

原因 　➡　 結果

先生　とも君の[Ⓔ]technological development, which has led to the creation of numerous weapons of mass destruction,っていう部分は、この方法で書かれてるんだ。

こうき　すごいなあ。

先生　「cause」「lead to」「result in」は「 ➡ 」の働きをすると思っておくと使いやすくなるよ。

ゆり　今度私も使ってみよっと。

先生　そうだね。どんどん使ってみる姿勢が大事だよ。他にとも君の英作文の良いところは？

なみ　[Ⓖ]the atomic bombs dropped on Hiroshima and Nagasaki instantly deprived hundreds of thousands of innocent civilians of [Ⓗ]their lives.っていう文もけっこうヤバいと思う。

とも　そうかな？　普通にテンプレートに当てはめただけなんだけど。

なみ　全然普通じゃないよ。

先生　例えば？

こうき　Ⓔの文で「interfere」を「seriously interfere」にしてたけど、ここだと「deprived」に「instantly」をつけて「instantly deprived」にしてるってことか。

ゆり　あと「hundreds of thousands of innocent civilians」っていうのもうまいよね。私なら「many people」って書いてたと思う。

先生	そうだね。**数字や形容詞を名詞につけて具体化してあげるのは大切**なことだね。他にとも君の英作文で良いところはあったかな？
ゆり	譲歩のIt may be true that there are some ⓘaspects of technological progress, such as the rapid development of information technology in the 21st century, that can have a positive influence on ⓙhumanity.っていうとこもヤバい。
とも	これこそテンプレートを埋めただけだよ。普通。
ゆり	ちゃんと「technological progress」の後ろに「such as」で例を足してるとことかすごいじゃん。
とも	ああ、そこね。自分じゃ特別なことだとは思ってないけど。
なみ	とも君、顔は笑ってる。
先生	繰り返しになるけど、**名詞の後ろに「such as」「including」をつけて例を挙げられるのはすごく大事**なことだったね。他には？
なみ	最後に仮定法で強調してるHowever, without ⓚtechnological development, it would have been impossible to ⓛcreate those lethal weapons that have threatened the survival of the human race.もただの言い換えじゃないよね。けっこう工夫してると思う。
とも	そうかな？　普通だと思うけど。
なみ	例えばさっきは「deadly devices」だったけど、ここだと「lethal weapons」になってるし。
先生	良いところに気がついたね。同じ内容でも複数通りで言い換えられると、この仮定法の部分がさらに素晴らしいものになってくる。他には？
こうき	さっき名詞で「creation」って書いてあったけど、ここだと動詞の「create」になってるね。
先生	そうだね。**品詞を変えて同じ内容を言い換えるスキルもすごく大事**だね。お見事だったよ。学ぶべきことがたくさんある英作文だから、何度も読んで復習しておこう。
とも	そんなに真似するところはないと思うけどね。
なみ	真似するところいっぱいあるから。
先生	みんなお疲れ様！　Lesson 7でポジティブな内容、Lesson 8でネ

ガティブな内容の段落を書く練習をしてきたね。みんなどうだったかな？

こうき　けっこう手応えあったな！

ゆり　私も！　別のトピックで練習してみたいな。

先生　そうしたら、次のLesson 9ではもっと本格的な英作文に挑戦するよ。これまでは100語くらいの自由英作文を書いてきたよね。

なみ　そうですね。けっこう短いやつだった。

先生　国公立大の入試で、250語を超える自由英作文が出題されることもあるし、英検みたいな民間試験でも本格的なエッセイを書かなくちゃいけないこともあるよね。

とも　確かに。

先生　ポジティブな内容の段落で使うテンプレートとネガティブな内容の段落で使うテンプレートを、それぞれもう1つずつ作っておくと、次の授業で扱う長い英作文にも対応しやすくなるよ。それを宿題にしておこうか。Lesson 4とLesson 6を参考にしてね。

LESSON
9

実践演習に
チャレンジ
その3

本格的な英作文に挑戦！

実践演習に
チャレンジ
その3

本格的な英作文に挑戦！

┤ Lesson 9のポイント ├

Lesson 7とLesson 8では、これまで学習してきた展開と表現を活用しながら100語程度の比較的短めの自由英作文を扱いました。しかし長めの自由英作文が出題される国公立大学を受験する人や、TOEFLやIELTSなどの英語の民間試験を受験する人もいます。そんな受験生のために300語程度のエッセイに対処するための方法をこのLesson 9で学習していきます。講義の前に、次のページのトピックに答える自分なりのエッセイを書いておきましょう。Lesson 4とLesson 6を振り返って、ポジティブな内容を書くためのテンプレートとネガティブな内容を書くためのテンプレートをそれぞれもう1つずつ作っておくと、同じ表現を繰り返さずに高得点を狙える充実したエッセイが書けるようになります。それではLesson 9の授業を始めましょう！

◎ 300語の英作文に挑戦！

先生　それじゃあLesson 9の授業を始めようか。

なみ　今日って長めの英作文にチャレンジするんですよね？

先生　4段落構成の英作文だよ。みんな準備は良いかな？

こうき　一応テンプレートもそれぞれ2種類ずつ用意してきたから大丈夫だと思います。

とも　俺は準備万端だから今すぐ書き始めたい。

ゆり　楽しみだな。

先生　それじゃあ早速今日のトピックを紹介するよ。

Do you agree or disagree with the opinion that small classes are better than large ones?

先生　このトピックについて、今日は300語くらいの英作文を書こう。

こうき　「少人数クラスの方が大人数クラスより良い」ってことか。

ゆり　このクラスは生徒4人しかいないから、めっちゃ少人数クラスだね。

なみ　だから反対意見は書きにくいよね。

とも　確かに。

先生　それは全然気にしなくて良いよ。ライティングの試験って、賛成か反対かを聞かれるものが多いんだけど、自分が書きやすい意見を選ぶのが大切だからね。直感的に少人数クラスの方が良いと思ってても、逆の意見の方が理由や具体例を書きやすい場合には、そっちを選ぶようにしよう。

こうき　今回はやっぱり、少人数クラスを選んだ方が書きやすいな。鈴木先生の例とか書けるしね。

なみ　確かに。

先生　いろいろな研究でも、少人数クラスの方が成績が上がるって主張してるものが多いかもね。

なみ　そうなんですね。何でかな？

先生　一緒に考えてみようか。

こうき　少人数のクラスって生徒に先生の目が届くから、めっちゃ集中しなくちゃいけなくて、学びが深まるからかな？

先生　**例えば？**

なみ　少人数の外国語のクラスだと、大人数の授業と違って、先生にいろいろ聞かれるからちゃんと答えなくちゃいけないよね。

ゆり　めっちゃ集中する。

とも　だから成績も上がるよな。

先生　**例えば？**

ゆり　この塾の英語のクラスなんて4人しかいないから、先生と積極的に

やりとりしなくちゃいけないよね。そのおかげでスピーキングの力が
めっちゃついたと思う。

先生　**譲歩は？**

こうき　少人数のクラスだから成績が上がるってわけじゃないかもしれない
　　　　けどさ。

先生　**例えば？**

とも　自分で勉強することも重要だからな。

なみ　とも君は授業外でもめっちゃ勉強してるもんね。

先生　**逆接は？**

とも　でもこういうインタラクティブなクラスじゃなかったら、集中できな
　　　くて、そこまで英語力アップしなかったかも。

先生　今のみんなの会話をまとめるとこうなるね。

---

① Ⓐ少人数クラスの方がⒷ生徒の勉強に良いという意見に賛成だ。

② Ⓒ少人数のクラスは生徒に先生の目が届くので、Ⓓ生徒が先生
の言うことに集中しなくてはならないため、効果的に学べる。

③ Ⓔ少人数の外国語のクラスでは、大人数の授業と違って、先生
に質問される回数が多いためⒻ集中してきちんと答える必要が
ある。そのため語学のスキルが高まる。

④ 例えばⒼ私の予備校の英語のスピーキングのクラスは生徒が5
人しかおらず、Ⓗ先生とより積極的にやりとりすることが求め
られる。そのおかげでスピーキング力が大きく向上した。

⑤ 確かにⒾ少人数のクラスだからといって、必ずしもⒿ成績が上
がるわけではない。Ⓚ自分でも勉強するなど、他にもやらなく
てはならないことがたくさんある。

⑥ しかしⓁそのようなインタラクティブな少人数授業がなかった
ら、Ⓜそこまで英語力を高めることはできなかっただろう。

こうき　あれ、さっきの僕たちの会話をまとめると良い感じの段落の構成に
　　　　なるってことですか？　そんな都合の良いことあるのかな？　漫画

みたいだ。

先生　それだけ「因果関係」と「抽象から具体の流れ」の展開がみんなの中に定着してきたってことだよ！

なみ　うちらみんなできる子ってことだね。

先生　ははは。そうしたら、自分のテンプレートを利用して今の内容を英語にしてみようか。テンプレートはアレンジしてもOKだよ。これまで学習したことが吸収できていたら、テンプレートを使わなくても書けるかもしれないけどね。第1段落になる①にはこんな感じでテンプレートの Ⓐ Ⓑ を使うと書きやすいよ。②③④⑤⑥をまとめたものが第2段落になるんだ。時間が足りないときは、④の例や⑤の譲歩は省略してもOK。

ゆり　がんばろっと。

テンプレートのⒶⒷを埋めて、第1段落を作る

I agree with the statement that small classes can play a more important role in studying effectively than large ones. There are two reasons for this belief.

先生　15分でやってみよう。

（15分後）

先生　どうかな？　ちゃんと英語にできたかな？

こうき　「生徒に先生の目が届く」っていうのをどうやって英語にしたら良いのかわからなかったんだけど、それ以外はけっこうスムーズにいけた気がします！

先生　じゃあ最初にこうき君の英作文を見てみようか。

⌇ こうきの答案の確認

テンプレート

Ⓐ can be important in Ⓑ. Ⓒ can help Ⓓ ~ (to) V. For example, Ⓔ benefit Ⓕ. In fact, Ⓖ allow Ⓗ ~ to V. To be sure, Ⓘ may not necessarily mean Ⓙ, which demand some other factors, such as Ⓚ. However, without Ⓛ, *it would be 形容詞 Ⓜ for~ to V.

＊過去のことを仮定している場合には「it would have been 形容詞for~ to V.」

英作文

I agree with the opinion that Ⓐsmall class can be more important in Ⓑstudying effectively than large one. There are two reasons for my belief.

First, Ⓒsmall classes can helpⒹstudents to concentrate more on what their teachers say and to learn many subjects more effectively. For example, Ⓔa small foreign language class where the teacher asks students many more questions can benefit Ⓕtheir language skills. In fact, Ⓖmy prep-school English conversation class with just five students have allowed Ⓗme to communicate with my energetic teacher in a more active manner, resulting in a significant improvement in my speaking skills. To be sure, Ⓘtaking small classes may not necessarily mean Ⓙbetter grades, which demand many other factors, such as Ⓚperseverance. However, without Ⓛsuch a small interactive language class taught by an enthusiastic teacher, it would have been difficult Ⓜfor me to improve my English to such a great extent.

こうき　けっこう良い感じで書けたと思う。SVの一致とかもちゃんと確認したし、今回はバッチリです！

214

先生　　確かに短期間でものすごく成長したとは思う。

こうき　あれ、また譲歩ですか？　おかしいなあ。

先生　　少しだけ文法のミスがあるかな。

こうき　SVが合ってないところがありましたか？

先生　　ずいぶん減ってきたけど、1つだけあるね。

こうき　うわあ、マジか。今回はめっちゃ見直したつもりだったんだけど、ミスゼロはやっぱり難しいね。ちょっと探してみても良いですか？

先生　　探してみて。みんなも一緒に探してみよう。

こうき　おかしいなあ。間違ってるところはもうない気がするんだけど。

とも　　俺見つけたよ。

こうき　え、マジで？　どこ？

とも　　Ⓖのmy prep-school English conversation class with just five students have allowed meってとこに間違いがあるな。

こうき　そっか。この文いろいろ工夫したところだから、文法がおろそかになっちゃったのかな……。あ、「have」じゃなくて「has」だね。

先生　　よく気づいたね。この文のSは「class」だから「has」になるハズだね。

こうき　今のってダジャレですか？

先生　　ん？　そんなハズないと思うよ！

こうき　ははは。他にもミスってありましたか？　不安しかないなあ。

先生　　あと2つだけあるかな。

こうき　あ、10個くらいあるような気がしてたけど、あと2つだけか。けっこう頑張ったな。

とも　　喜ぶ前にちゃんと探そうぜ。

こうき　確かにね。

先生　　ヒントは「注意するべきところはSVだけじゃない」ってことかな。

こうき　気をつけなくちゃいけないとこって確かにいっぱいあるけど……。

なみ　　**名詞の扱い**にも気をつけないといけなかったよね。

こうき　あ、そっか。っていうか名詞の使い方間違えてるとこあった？

とも　　あったよ。

こうき　マジかあ。ちょっと見直して良い？

先生　　見直してみて。自分で気づけるのって大切だから。

こうき　やらかしてました。

先生　ちゃんと見つかったかな。

こうき　1段落目でいきなり2つもミスしてました。

先生　よく気づいたね。

こうき　Ⓐsmall class can be more important in Ⓑstudying effectively than large oneのⒶの「class」とⒷの「one」って、どっちも複数形にしないとダメだった。

先生　そうだね。トピックは「small classes are better than large ones.」だったね。**慌ててしまってトピックで使われている表現を写し間違えてしまうことって実はけっこうよくあることなんだよ。**

こうき　次から絶対気をつけないとな。

とも　コピペもできないとか最悪だからな。

先生　でも、とてもミスが減ってきてるよね。頑張ってるのが伝わってくるよ！

こうき　やった！　めっちゃうれしい！

先生　じゃあ、こうき君の段落の良いところを見ていこうか。

こうきの英作文の良いところ探し

　I agree with the opinion that Ⓐsmall classes can be more important in Ⓑstudying effectively than large ones. There are two reasons for my belief.

　First, Ⓒsmall classes can helpⒹstudents to concentrate more on what their teachers say and to learn many subjects more effectively. For example, Ⓔa small foreign language class where the teacher asks students many more questions can benefit Ⓕtheir language skills. In fact, Ⓖmy prep-school English conversation class with just five students has allowed Ⓗme to communicate with my energetic teacher in a more active manner, resulting in a significant improvement in my speaking skills. To be sure, ⓘtaking small classes may not necessarily mean ⓙbetter grades, which demand many other factors, such as ⓚperseverance. However, without ⓛsuch a small interactive language class taught by an enthusiastic teacher, it would have been difficult ⓜfor me to improve my English to such a great extent.

ゆり	ⓔa small foreign language class where the teacher asks students many more questions can benefit ⓕtheir language skillsってとこ、良い感じ。
先生	どうしてかな？
ゆり	「a small language class where ～」って感じで、関係副詞使ってることかな。
先生	**場所を書いたら関係副詞で修飾できるのは大事なことだね。**
ゆり	後ろも「the teacher asks students many more questions」っていうSVOOの、いわゆる完全文になってるしね。
こうき	ありがとう！
とも	俺なら「questions」に形容詞つけただろうな。「stimulating questions」とかね。
こうき	「刺激的な質問」ってことか。確かに良い感じだね。
先生	他に良いところは？
なみ	ⓖmy prep-school English conversation class with just five students has allowed ⓗme to communicate with my energetic teacher in a more active manner, resulting in a significant improvement in my speaking skillsってとこ、けっこうクオリティ高いよね。ヤバいと思った。
こうき	え、マジで？　ありがとう！
なみ	「my energetic teacher」って感じで形容詞つけてるのも良い感じ。
ゆり	私も同じ形容詞をつけたよ。鈴木先生ってそんなイメージだよね。

Lesson 9　実践演習にチャレンジ　その3

217

先生	ははは。ありがとう。
なみ	あと「in a more active manner」ってとこもすごいよね。
こうき	それは前のレッスンで出てきたやつをそのまま使っただけね。「effectively」を「in an effective manner」みたいな感じで書き換えたじゃん？
先生	習った表現をどんどん使ってみるのは大事なことだよ。他には？
とも	「resulting in」っていうのは悪くない。
こうき	あ、そこね。「だからスピーキングの力がアップした」ってことだよね。「so my speaking skills improved a lot」にしようと思ったんだけど、その瞬間何か鈴木先生の声が聞こえたんだよね。
先生	どんな声が？
こうき	「, so」って書きたくなったら「, which」にしてみろっていう声が。
先生	そうだね。前のレッスンで習ったことだね。
こうき	あと、「原因→結果」の「 ➡ 」のところは「lead to」とか「result in」で表せるっていうのも習った。
ゆり	ちゃんと覚えてたんだね。えらい！
こうき	でしょ！　だから最初は「which has resulted in an improvement in my speaking skills」にしたんだ。
先生	お見事！　「improve」っていう動詞を名詞にした「improvement」を使ったのも素晴らしいよ。
こうき	そこからさらに2つ工夫したんですよ。
先生	どんな工夫をしたのかな？
こうき	1つ目は、前の文を先行詞にする「, which has resulted」を「, resulting」にしたこと。
先生	そうだね。前の文を先行詞にする「, which V」は「, V-ing」にできるっていうのも前のレッスンで扱ったね。
こうき	あと、名詞を強めるときは「great」とか「significant」みたいな形容詞が使えるって習ったから、それも足してみたんだ。
先生	それでできあがったのが「resulting in a significant improvement in my speaking skills」っていう部分だったんだね。
ゆり	こうき君すごいじゃん！

こうき	こんなにほめられるの初めてかも。何か照れるな。
とも	まあまあだな。
先生	他に良いところは？
こうき	自分的には Ⓚ に「perseverance」っていう名詞を使ったとこかな。「忍耐」とか「粘り強さ」って意味だよね。何か響きがカッコよくて好きな単語だから使ってみたよ。自分にいちばん足りないものだし。
先生	そうだね。覚えた単語をどんどん使ってみる姿勢はすごく大事だよ。他には？
ゆり	最後の仮定法のとこの However, without Ⓛsuch a small interactive language class taught by an enthusiastic teacher,っていうのも良い感じ。
先生	どうして？
ゆり	「small interactive language class」の後ろに「taught by an enthusiastic teacher」ってつけたところが良いなって。
先生	そうだね。名詞の後ろに分詞とか関係詞節をつけて修飾するのは大事なことだね。
とも	「class」の前に「interactive」をつけて、前の内容を簡単にまとめてるのも悪くはないな。
なみ	あと前で「energetic」っていう形容詞を「teacher」につけてたけど、ここだと「enthusiastic」に言い換えてる。やるじゃん、こうき君！
先生	お見事だったね！　短期間でものすごく成長したね。この調子で頑張っていこう！
こうき	ありがとうございます！
ゆり	次は私のを見て欲しいな。
先生	じゃあゆりさんの段落をみんなで見ていこうか。
ゆり	ドキドキしてきた。

テンプレート

Ⓐ play an essential role in Ⓑ. Ⓒ make it possible Ⓓ for~ to V. For example, Ⓔ have a positive effect on Ⓕ. In fact, Ⓖ help Ⓗ ~ (to) V. Of course, Ⓘ may not necessarily result in Ⓙ, which call for some other factors, such as Ⓚ. However, without Ⓛ, it would be 形容詞Ⓜ for~ to V.

＊過去のことを仮定している場合にはit would have been 形容詞Ⓜ for~ to V.

英作文

I agree with the statement that Ⓐ small classes can play a more essential role in Ⓑ effective learning than large ones. There are two reasons for this belief.

First, Ⓒsmall classes, where teachers can pay closer attention to their students, make it possible Ⓓfor you to concentrate more on what they say and to learn various subjects more effectively. For example, Ⓔchallenging questions from teachers in small foreign language classes can have a positive effect on Ⓕyour concentration because they make it necessary for you to answer those questions more actively. In fact, Ⓖmy lively prep-school English conversation class with five students have helped Ⓗme interact with my energetic teacher and improve my speaking skills. Of course, Ⓘjust taking small classes, however lively they may be, may not necessarily result in Ⓙbetter grades, which call for many other factors, such as Ⓚself-study. However, without Ⓛsuch an interactive class, it would have been difficult Ⓜfor me to polish my English as much.

先生	まず文法的なミスはないかな？
ゆり	前のレッスンの反省点を活かして気をつけて書いたつもりだけど、あんまり自信ないかな。
こうき	良い感じで書けてると思う。間違いってあるのかな？
なみ	1つ見つけたよ。⑥の my lively prep-school English conversation class with five students have helped me ってところ。
ゆり	さっき、こうき君も間違えてたところだ。この文のSって「students」じゃなくて「class」だもんね。「have helped」じゃなくて「has helped」にしないと。
先生	その通り。
ゆり	1つミスがあると他にもたくさんありそうな気がしてくるな。大丈夫かな。
こうき	大丈夫！　完璧だよ！
ゆり	あんまり説得力ない気がするけど……。
とも	大丈夫だと思うよ。
先生	そうだね。ミスはその1つだけ。すごくよく書けてるよ。
ゆり	めっちゃ安心した！
先生	そうしたら、ゆりさんの英作文の良いところを探していこうか。どんなところが素晴らしいと思う？
こうき	ⓒの small classes, where teachers can pay closer attention to their students, make it possible for you ってところが上手。
なみ	「目が届く」を「pay closer attention to」っていう英語にしたのも良い感じ。
こうき	あと、「, where」っていう関係副詞の非制限用法を使ってまとめちゃってるところもすごいと思う。なんか高校の文法の授業で「where は関係副詞だから後ろに完全文が来る」みたいな感じで教わったけど、非制限用法はあんまり使ったことはないかも。
先生	そうだね。文法的に理解していても実際に使える人は少ないんだ。
こうき	どうやったら使えるようになるんですか？
先生	**「, where」は場所の後ろにつけて接続詞の代わりに使えるって考え**

221

たら良いんだよ。例えばこの文を見てみよう。

My brother goes to Waseda University, where he majors in English.

ゆり 「私の兄は早稲田大学に通っていて、そこで英語を専攻している。」って意味ですよね。

先生 そうだね。この文だと「, where」は「, and there」って感じで使ってるね。ゆりさんの small classes, where teachers can pay closer attention to their students, make it possible for you だと「, where」はどんな意味で使われてるかな？

とも 「そこでは生徒に先生の目が届くから」って感じで「理由」って考えて良いのかな。

先生 そうだね。そんなふうに理由を「, where SV」のＳＶに書くことができるんだよ。

なみ 場所の後ろなら「because」みたいに使えるってことか。便利だね。I decided to study English at Suzuki Seminar, where the presence of great teachers helps students (to) polish their language skills. みたいな感じですか？ 「私は鈴木ゼミナールで英語を勉強することにした。そこには優秀な先生たちがいて語学のスキルを磨けるから。」って感じだね。

先生 良い感じで「, where」を使えてるね。お見事！ 「the presence of ～ 」は、「～がいること」っていう意味の名詞のカタマリになるって覚えておこう。他にはどんなところが良かったかな？

とも Ⓔの challenging questions from teachers in small foreign language classes can have a positive effect on Ⓕyour concentration っていうのも上手だと思う。

先生 どんなところが？

とも 「challenging questions」っていう組み合わせが良い感じ。

先生 そうだね。「challenging」は「難しいけどやりがいがある」っていう意

味の形容詞だね。それを「questions」につけると、生徒が集中しなくちゃいけない感じが強まるね。他にはどこが良かったかな？

とも　Ⓕyour concentration because they make it necessary for you to answer those questions more activelyってとこも悪くない。

なみ　「悪くない」って本当に素直じゃないなあ、とも君は。

先生　どんなところが良いと思ったのかな？

とも　一般論を言うときに「you」を使える人って少ないと思うから。

先生　良いところに気がついたね！　他には？

こうき　今とも君が言ったことと似てるんだけど、Ⓖのmy lively prep-school English conversation class with five students has helped meっていうところも工夫してると思う。

先生　どんなところが？

こうき　ただ「my conversation class」にするんじゃなくて、前後に「lively」とか「with five students」とか足してるところかな。

先生　「lively」は「活発な」っていう意味の形容詞だけど、それを「class」につけることで質疑応答が活発に行われる授業の様子が浮かんでくる。さらに、「with five students」みたいな具体的な数字を加えることでどんな規模の少人数クラスなのかっていうことが明確になってるね。

こうき　ゆりちゃん、すごい！

先生　こんなふうに**名詞の前後に形容詞、形容詞句、形容詞節を加えて修飾できるようになるのはすごく大事**なことだよ。他には？

なみ　Ⓗのinteract with my energetic teacher and improve my speaking skillsってとこも上手だよ。

先生　どんなところが？

なみ　まず「interact with」っていうのが良い感じだと思う。

先生　そうだね。「interactive」っていう形容詞の方が馴染（なじ）みがあるっていう人も多いかもしれないね。

こうき　「対話型の」って感じですよね。先生と生徒でやりとりする感じ。

先生　そうだね。「interact」はその動詞だって思っておくと使いやすいんじゃないかな。

とも	「communicate with」の言い換えが「interact with」ですよね？
先生	そうだね！　他に⑪のinteract with my energetic teacher and improve my speaking skillsの良いところは？
ゆり	自分で言うのも気が引けるんですけど、「my energetic teacher」ってところ、気に入ってます。
先生	どうしてかな？
ゆり	「名詞に形容詞をつけて具体化する」って何度も言われてきたんですけど、この例って鈴木先生のことだと思ったんですよ。鈴木先生を形容するなら「energetic」かなと思ってつけてみました。
こうき	僕もそう思って同じ形容詞使ったんだよ。
先生	ありがとう！　他に良いところは？
こうき	①just taking small classes, however lively they may be, may not necessarily result in ⑩better gradesってところびっくりしたな。「however lively」って「どんなに活気があっても」って意味ですよね？
先生	そうだね。テンプレートの譲歩の部分に「**however 形容詞 S be**」を足してあげるとさらに充実するよ。
なみ	「**no matter how 形容詞 S be**」っていうのもありですよね？
とも	譲歩の助動詞「may」を足すこともできるな。
先生	そうだね！　お見事！　自分のテンプレートにもつけ足しておくと、表現が広がるよ。

譲歩の部分に「however 形容詞 S may be」を足す。

①, however 形容詞 S may be, may not necessarily result in ⑪, which call for some other factors, such as ⑯.

＊形容詞は⑥の文で使ったもの、(S)は①に付いている名詞を代名詞にしたものにすると便利。例えばゆりの例では⑥のSである「class」を修飾している「lively」と、①で使われている「classes」を代名詞にした「they」を使って「small classes, however lively they are, may not necessarily result in ~」としている。

先生　ゆりさんお見事だったよ！　完成したものをよく読んで復習しよう！

I agree with the statement that Ⓐsmall classes can play a more essential role in Ⓑeffective learning than large ones. There are two reasons for this belief.

First, Ⓒsmall classes, where teachers can pay closer attention to their students, make it possible Ⓓfor you to concentrate more on what they say and to learn various subjects more effectively. For example, Ⓔchallenging questions from teachers in small foreign language classes can have a positive effect on Ⓕyour concentration because they make it necessary for you to answer those questions more actively. In fact, Ⓖmy lively prep-school English conversation class with five students has helped Ⓗme interact with my energetic teacher and improve my speaking skills. Of course, Ⓘjust taking small classes, however lively they may be, may not necessarily result in Ⓙbetter grades, which call for many other factors, such as Ⓚself-study. However, without such Ⓛan interactive class, it would have been difficult Ⓜfor me to polish my English as much. (160 words)

　私は、少人数クラスの方が大人数クラスよりも効果的な学習において より重要な役割を果たしているという意見に賛成だ。この主張には2つの理由がある。

　1つ目に、少人数制のクラスでは、生徒に先生の目が届くため、生徒は先生の話に集中して様々な科目をより効果的に学ぶことができる。例えば、少人数制の外国語の授業では、先生からの意欲的な質問に積極的に答えなければならないため、集中力を高める効果がある。実際、私の予備校の生徒が5人しかいない英会話クラスは活気に溢れており、熱意ある先生と交流することで、英語の表現能力を高めることができた。もちろん、どれだけ活気のあるものであっても、少人数制の授業を受けるだけで必ずしも成績が上がるわけではない。それには自習などの様々な要素が関わってくるからだ。しかし、このようなインタラクティブなクラスがなければ、私がそこまで効果的に英語に磨きをかけるのは難しかっただろう。

先生　　そうしたら、次は第3段落と、結論をまとめる第4段落を書いていこうか。「Small classes are better than large ones.」に賛成する理由の2つ目は何にしようか？

とも　　少人数クラスだと先生と生徒がめっちゃコミュニケーションするでしょ？　その中で先生が生徒の短所と長所をいろいろ見つけて、ピンポイントでアドバイスしてくれるところかな。

先生　　**例えば？**

こうき　外国語のクラスも少人数だと先生が一人ひとりに合うアドバイスしてくれるから、言葉のスキルを磨けるよね。

先生　　**例えば？**

なみ　　この英作文のクラスも4人しか生徒がいないから、先生から毎週一人ひとりに合うフィードバックをしてもらえて、英作文の力がつくよね。

先生　　　**譲歩は？**

ゆり　　　確かに大人数のクラスにもメリットはある。

こうき　　いろいろな生徒から刺激を受けるとかね。

先生　　　**逆接は？**

とも　　　でもインタラクティブなクラスで先生から一人ひとりに合うアドバイ
　　　　　スをもらってなかったら、そんなに英作文の力をアップさせることは
　　　　　できなかったと思うな。

---

① ©**少人数クラス**だと先生と生徒のコミュニケーションが密な
　ので ©**先生が生徒の長所と短所を見つけて一人ひとりに合
　うアドバイスをくれる。**

② ©**少人数の外国語のクラスで先生が一人ひとりに合うアドバ
　イスをしてくれるから** ©**生徒が言葉のスキルを磨ける。**

③ ©**私の英作文のクラスにも生徒が4人しかいないから、** ©**先
　生が毎週エッセイについて一人ひとりに合うフィードバッ
　クをしてくれて英作文の力が高まる。**

④ 確かに ©**大人数のクラスには、** ©**多くの生徒から刺激を受け
　るというメリットもあるかもしれない。**

⑤ しかし ©**インタラクティブな少人数クラスで先生から貴重
　なアドバイスをもらわなかったら、** ©**そこまで英語の力を高
　めることはできないだろう。**

先生　　　うまく流れが作れたね。②から⑤までをまとめたものが第3段落に
　　　　　なるよ。⑤の譲歩のところは「there may be some advantages to
　　　　　①, including ⑤」というテンプレートを使うとうまく書けるはず。

なみ　　　「①には⑤のようなメリットもあるかもしれないけれど」っていう意
　　　　　味ですね。使ってみよう。

先生　　　そうだね。あと、第4段落は第3段落までの内容を簡単にまとめたも
　　　　　のになるんだ。なるべく前の段落で使っていない「IPP」系の表現を
　　　　　使って、簡潔にまとめよう。制限時間は15分。スタート！

（15分後）

先生　　みんなちゃんと書けたかな？
なみ　　めっちゃ楽しかった！　良い感じです！
先生　　じゃあ、なみさんの段落をみんなで見てみようか。

なみの答案の確認

テンプレート

Ⓐ serve as a crucial tool in Ⓑ. Ⓒ allow Ⓓ ~ to V. For instance,
Ⓔ have a beneficial influence on Ⓕ. In fact, Ⓖ make it easy
Ⓗ for~ to V. Certainly, there may be some advantages to Ⓘ,
including Ⓙ. However, if it were not for Ⓚ it would be 形容詞
Ⓛ for~ to V.

＊ⒶⒷは第1段落で使うので第3段落はⒸから始まる。
＊過去のことを仮定する場合には「However, if it had not been for Ⓚ,
it would have been 形容詞 Ⓛ for~ to V.」

英作文

　　Second, ©closer teacher-student communication in small
classes allow ᴰteachers to offer more customized advice
based on the strengths and weaknesses of their students.
For instance, ᴱmore customized tips from foreign language
teachers in small classes have a beneficial influence on ᶠyour
language skills. In fact, ᴳmy prep-school writing class with only
four students makes it easy ᴴfor Mr. Suzuki, our dedicated
English teacher, to check our weekly essays thoroughly
before providing us with more customized feedback on how
to enhance our writing skills. Certainly, there may be some
advantages to ᴵlarge classes, including ᴶstimulation from many
students. However, if it were not for ᴷsuch constructive advice
from a dedicated teacher, it would be difficult ᴸfor me to study

English in such an effective manner.

In conclusion, small classes have more positive influences on students and teachers in terms of heightened concentration on the part of the former and more customized advice from the latter. Therefore, I am in favor of the statement that small classes are preferable to large ones.

先生　ものすごくハイレベルな段落が書けたね。

なみ　前の時間で作ったテンプレートのおかげです。

先生　それだけじゃないよ。洗練された表現を使って素晴らしい段落に仕上がってるね。

なみ　ありがとうございます！

こうき　完璧だよね。ミスなんてないんじゃない？

なみ　そんなことないと思うよ。

先生　それじゃあみんなで確認してみようか。

なみ　あ、やっぱりありました。©の closer teacher-student communication in small classes allow ってとこでいきなりやらかしてる。「communication」がSだから、「allow」じゃなくて「allows」にしないとね。

先生　そうだね。ミスはその1つだけだよ。本当に見事な英文が書けてると思う。

なみ　ありがとうございます！

先生　それじゃあ、なみさんの段落の良いところを見ていこうか。どんなところが良かったかな？

こうき　良いとこだらけ。©closer teacher-student communication in small classes allows ⒟teachers to offer more customized advice based on the strengths and weaknesses of their studentsっていう段落の最初の部分がいきなりすごいもん。

先生　どんなところが？

こうき	えっと、自分だったら「S can V, so S can V.」って書いてたと思うから。
先生	そうだね。「できる」を「S can V」を使わないと表現できなかったり、結果を「so SV」でしか表現できなかったりする学生は少なくないっていうことは今までも学習してきたね。
こうき	教わってなかったら、同じ内容ならIn small classes, teachers can communicate with students better, so they can find their strengths and weaknesses, so they can give more advice. みたいな感じになってそう。
先生	そうだね。Lesson 3で学習したことをうまく使って、同じ単語の繰り返しにならないように工夫してあるよね。
なみ	テンプレートを使っただけだから大したことないです。
先生	そんなことないよ。すごく上手に書けてる！
なみ	照れるなあ。
先生	他に良いところは？
とも	Ⓓの「to offer more customized advice」ってところも普通にうまいと思う。
先生	どうしてかな？
とも	「offer」って使えそうで使えないから。「give」って書いちゃう人が多いと思う。
先生	「give」はすごく便利な動詞だけど、頼りすぎずに「offer」とか「provide」みたいな動詞も使えるようになると良いよね。
こうき	そんな感じで覚えとくと確かに使いやすそう！
先生	どんどん使ってみようね！　他に良いところは？
ゆり	Ⓔの more customized tips from your foreign language teachers in small classes have a beneficial influence も良い感じ。
なみ	ここもテンプレートを埋めただけなんだけど。
ゆり	そんなことないよ。「customized tips」なんて普通書けないと思う。私なら「good advice」って書いてたかも。
先生	そうだね。前の文で使った「advice」をここで「tips」に言い換えてるのは素晴らしいね。「advice」は不可算名詞で、「tips」は可算名詞だから使い方に気をつける必要があるよ。

こうき　そこに「customized」っていう形容詞をつけてるのもすごいと思う。

先生　　素敵な言葉の組み合わせだね。「customized」っていうのはこの場合「一人ひとりに合わせた」っていう意味。他には？

ゆり　　⑥の my prep-school writing class with only four students makes it easy ⑪for Mr. Suzuki, our dedicated English teacher ってとこも好き。

先生　　どんなところが？

ゆり　　特に「Mr. Suzuki, our dedicated English teacher」ってとこが。

先生　　どうしてかな？

ゆり　　同格のコンマを使ってるところ。

先生　　すごく大事なところに気づいたね。固有名詞を書いたら、コンマを書いて説明をつけ足してあげようね。例えば I go to Chulalongkorn University. っていう文を見てどう思うかな？

I go to Chulalongkorn University.

こうき　チュラロンコン？？？　聞いたことない大学。どんな大学だろう。

先生　　そうだね。実はタイでいちばんの名門大学なんだよ。

なみ　　初めて聞いたかも。

先生　　そうだろうね。そんなふうに何も知らない読者にもきちんと伝わるように、こんなふうに書いてあげよう。

I go to Chulalongkorn, the most prestigious university in Thailand.

先生　　同じように、特に日本のことを書いた場合には、読み手にまったく伝わらないってことを意識して、説明をつけ加えてあげるようにするんだ。例えばこんな感じだよ。

なみ　「Chulalongkorn University」がどんな大学なのかうちらに全然わかんなかったみたいに、「Waseda University」っていうのも日本人以外にはわかってもらえないから、ちゃんと説明を足すってことね。

先生　その通り。他になみさんの段落の良いところは？

こうき　Ⓗの「before providing」もうまいと思う。

先生　そうだね。**「before V-ing」は「and V」代わり**って思っておくと使いやすいよ。他に良いところは？

こうき　Ⓚの「such constructive advice from a dedicated teacher」もすごいね。

先生　どうしてかな？

こうき　「a dedicated teacher」が良い感じ。

先生　ううん。今まで「teacher」を修飾する形容詞として「enthusiastic」が出てきたけど、「dedicated」もそれの仲間だね。

なみ　「devoted」とか「committed」も似た意味の形容詞かな。

先生　そうだね。「熱心な」とか「献身的な」っていう意味だからね。「great」に頼りすぎずに、もっと具体的な内容を表せる形容詞を使っていきたいね。

こうき　どうやったら使えるようになるんですか？

先生　まず普段からリーディングのときに形容詞と名詞のコロケーションへの意識を高めておくことだね。コロケーションというのは、よく一緒に使われる単語と単語の組み合わせのことだよ。

なみ　うちは普段からそれめっちゃやってるかも。

とも　俺も。

ゆり　他には何かありますか？

先生　類語辞典を引いたり、コロケーション辞典を引いたりすることだね。

こうき　先生も引いてるんですか？

先生　もちろん。オックスフォードの類語辞典とコロケーション辞典はスマ

ホの中にも入れてるくらいだよ。他になみさんの段落で良いところは
あったかな？

とも　結論の第4段落も良い感じだよね。

先生　そうだね。**最後の段落のポイントは、これまでの段落の内容を簡潔にまとめること**だよ。前で述べていない内容は、書かないようにしよう。なみさんの英作文は、その条件をきちんと満たしているね。どんなところが良いのかを具体的に見てみよう。

> **なみの第4段落**
>
> In conclusion, small classes have more positive influences on students and teachers in terms of heightened concentration on the part of the former and more customized advice from the latter. Therefore, I am in favor of the statement that small classes are preferable to large ones.

とも　まず「In conclusion」の後ろに、1つ目の理由と2つ目の理由を言い換えて簡単にまとめてるところが悪くない。

なみ　「悪くない」じゃなくて、「上手」って言いたいんじゃ……？

ゆり　しかも**「the former」**と**「the latter」**っていう表現を使っててカッコいいよね。

先生　そうだね。それぞれ**「前者」**と**「後者」**っていう意味で、前に出てきてる「students」と「teachers」を指してるよね。同じ単語の繰り返しを避けるために便利な表現だから覚えておくとライティングで役立つよ。他には？

なみ　「heightened concentration」っていう名詞のカタマリは自分でも気に入ってるかも。

とも　「高められた集中」っていうのが直訳だけど、「集中力が高まること」っていう意味の名詞のカタマリって考えると良い。

先生　そうだね。他には？

ゆり	「on the part of~」っていうのカッコいいよね。
先生	そうだね。「～の側での」っていう意味のフレーズをうまく使ってるね。他には？
こうき	「Therefore」の後ろの結論で、「I am in favor of ~」って言ってるの良い感じ。「I agree with ~」の言い換えってことか。今度僕も使ってみよっと。
先生	ちなみに「I disagree with ~」は「I am against ~」に言い換えられるからあわせて覚えておこう。
ゆり	「small classes are preferable to large ones」っていうのも良い感じ。私なら「small classes are better than large ones」って書いてたと思う。
先生	そうだね。なみさんお見事だったよ。それじゃあ次は、とも君の段落を見ていこうか。
とも	文法的な間違いは1個もないと思います。
先生	楽しみにしてるよ！

ともの答案の確認

テンプレート

The important role Ⓐ play in Ⓑ cannot be overestimated. Ⓒ enable Ⓓ ~ to V. For instance, Ⓔ have a positive impact on Ⓕ. In fact, Ⓖ allows Ⓗ ~ to V. Admittedly, Ⓘ may not guarantee Ⓙ, which involve many other factors, including Ⓚ, to name but a few. However, *were it not for Ⓛ, it would be 形容詞 Ⓜ for~ to V.

*過去のことを仮定している場合にはHowever had it not been for Ⓛ, it would have been 形容詞 Ⓜ for~ to V.
*ⒶⒷは第1段落で使うので第3段落はⒸから始まる。

Second, ©small classes enable ®teachers to interact with their students and provide more customized advice based on their strengths and weaknesses. For instance, ©more customized advice from language teachers in small classes can have a positive impact on ©your ability to express yourself in foreign language. In fact, ©my prep-school writing class with only four students allows ©our teacher to read through our weekly essays and then offer more tailor-made tips about how to enhance our writing skills. It was this feedback that helped me acquire 28 out of 30 points in the writing section of the TOEFL test last year. Admittedly, ©smaller classes may not guarantee ©better language skills, which involve many other factors, including ©taking other classes and reading reference books, to name but a few. However, had it not been for ©such valuable advice from my devoted teacher, ©I would have found it difficult to achieve such a high score on the challenging exam.

In conclusion, small classes have more beneficial effects on students in terms of greater concentration and more customized advice. Therefore, I am in favor of the opinion that small classes can be of greater importance in helping students improve their academic performance.

こうき　うわ、ヤバいね。
ゆり　めっちゃヤバい。
とも　まあ基本テンプレート使っただけだから。普通かな。
なみ　うちもすごいなって思ったけど……。
こうき　あれ、譲歩？

なみ	1つだけ間違い見つけちゃったかも。
とも	マジで？
なみ	うん。
とも	どこにあった？
なみ	うんとね、Ｆの「your ability to express yourself in foreign language」ってとこ。
とも	あ、ほんとだ。やらかしたわ。「foreign language」じゃなくて「a foreign language」だ。
先生	そうだね。具体的な言語の話をしているからね。
こうき	英語の名詞ってめっちゃややこしいなあ。
先生	じゃあ理解を深めるために「beauty」と「a beauty」の違いを見ていこうか。この2つの違いがわかるかな？
なみ	「beauty」は「美というもの」って感じで抽象的、「a beauty」は「美しい物」とか「美しい人」っていう具体的なものになる。
先生	その通り。「information」みたいな絶対数えられない名詞もあるけど、同じ名詞でもこんなふうに意味によって可算名詞で使うものと不可算名詞で使うものがあるんだよ。その場合、前者が「具体的なもの」で、後者が「抽象的なもの」って考えておくと良いよ。

POINT

〈「beauty」と「a beauty」の違い〉

「beauty」は「美というもの」という意味で抽象的、
「a beauty」は「美しいもの」や「美しい人」という意味で具体的。

先生	じゃあ「democracy」と「a democracy」の違いはわかるかな？
とも	「democracy」は民主主義っていう概念、「a democracy」は日本とかアメリカみたいな「民主主義国家」っていう具体的な意味。
先生	その通り。じゃあ「language」と「a language」はどう違うかな？
ゆり	「language」だと「言語というもの」っていう抽象的な意味になって、「a language」だと「英語」とか「フランス語」みたいな具体的な意味になるのかな？

先生	その通り。
とも	理屈だとわかってるんだけどな。見事に間違えちゃったわ。
先生	そんなに落ち込まないで。文法的なミスはそれだけだったよ。
とも	1個も10個も俺的には変わんないです。ショックだ。
先生	素晴らしいところだらけだから、みんなで一緒に読んで良いところをどんどん真似できるようにしていこう！
とも	まあ学ぶべきところはあると思うけど……。
なみ	めっちゃよく書けてるから元気出しな！
こうき	⑩のinteract with their students and provide more customized advice based on their strengths and weaknessesって良い感じ！ちゃんと「advice」に「customized」っていう形容詞がついてるしね。
とも	なみちゃんとかぶってるから別に特別じゃなくない？
なみ	そんなこと言わないの！　めっちゃよく書けてるから！
ゆり	⑰のyour ability to express yourself in a foreign languageっていうのも良いよね。「ability」を使って「SがVできること」っていう意味の名詞のカタマリを作るのってめっちゃレベル高いよね。
先生	お見事だったね！
なみ	⑭のread through our weekly essays and then offer more tailor-made tips about how to enhance our writing skillsっていうのも良い感じ。
こうき	そうだね。さっきは「customized advice」って書いてあったけど、ここだと「tailor-made tips」になってるし。
とも	なみちゃんと同じにしないほうが良いかと思って。
なみ	うちと同じだとそんなに嫌？
とも	そんなことないけどさ……。
ゆり	あと⑩で「provide」使ってたけど、ここで「offer」を使って言い換えてるのもすごいよね。先生が言ってたことを早速実践できてるし。
先生	そうだね。「give」は便利だけど、それに頼りすぎないようにするのも大切だって言ったよね。
こうき	いちばんすごいなって思ったのが、⑭の後にIt was this feedback that helped me acquire 28 out of 30 points in the writing

section of the TOEFL test last year.っていう文を足してること。ヤバいよね。

先生　そうだね。前の時間でやったことをよく覚えて実践してるよ。**何か例を挙げた後に、数字を足してさらに具体化すると、説得力が増すん**だったね。「私の彼氏めっちゃ背が高いの！」って言ったら？

なみ　「身長２メートル！」みたいな感じで具体化してあげる。

こうき　「めっちゃでかいね！」ってなるもんね。

先生　そうだね。そんな展開をここで強調構文を使って組み込んだのは立派だね。

とも　まあ当たり前のことをやっただけですけど。

先生　それがすごく大事なことなんだよ。他にあるかな？

とも　個人的にはテンプレートをアレンジした、Ⓜ のI would have found it difficult to achieve such a high score on the challenging exam.っていう文は気に入ってる。

先生　どうしてかな？

とも　「簡単」とか「難しい」っていうと、「It is 形容詞 for~ to V」を使いがちだけど、「find OC」を使って表現するのもありだよなって。

先生　そうだね。次の文を見てみよう。

It was hard for me to answer the question.
I found it hard to answer the question.

とも　上の文は「It」が仮主語で「to answer」以下を指してて、下の文は「it」が仮目的語で、「to answer」以下を指してる。

先生　その通り。こんなふうに「find OC」を使って難易を書けるようにしておくと表現の幅が広がるね。

こうき　ちゃんと覚えておかなくっちゃ。

先生　これでSmall classes are better than large ones.っていうトピックに答えるエッセイが完成したね。ゆりさんの第１段落と第２段落、なみさんの第３段落と第４段落を合体させるとこんな感じになるね。和

訳を見て、元の英語に戻す作業をやってみるのも面白いと思うよ。

I agree with the statement that small classes can play a more essential role in effective learning than large ones. There are two reasons for this belief: better communication and more practical advice.

First, small classes, where teachers can pay closer attention to their students, make it possible for you to concentrate more on what they say and to learn various subjects more effectively. For example, challenging questions from teachers in small foreign language classes can have a positive effect on your concentration because they make it necessary for you to answer those questions more actively. In fact, my lively prep-school English conversation class with five students has helped me interact with my energetic teacher and improve my speaking skills. Of course, just taking small classes, however lively they may be, may not necessarily result in better grades, which call for many other factors, such as self-study. However, without such an interactive class, it would have been difficult for me to polish my English as much.

Second, closer teacher-student communication in small classes allows teachers to offer more customized advice, based on the strengths and weaknesses of their students. For instance, more customized tips from foreign language teachers in small classes have a beneficial influence on your language skills. In fact, my prep-school writing class with only four students makes it easy for Mr. Suzuki, our dedicated English teacher, to check our weekly essays thoroughly before providing us with more customized feedback on how to enhance our writing skills. Certainly, there may be some advantages to large classes, including stimulation from many students. However, if it were not for such constructive advice from a dedicated teacher, it would be difficult for me to study English in such an effective manner.

In conclusion, small classes have more positive influences on students and teachers in terms of heightened concentration on the part of the former and more customized advice from the latter. Therefore, I am in favor of the statement that small classes are preferable to large ones. (336 words)

ゆり + なみ の 英 作 文 の 和 訳

　私は、少人数クラスの方が大人数クラスよりも効果的な学習においてより重要な役割を果たしているという意見に賛成だ。この主張には2つの理由がある。

　1つ目に、少人数制のクラスでは、生徒に先生の目が届くため、生徒は先生の話に集中してさまざまな科目をより効果的に学ぶことができる。例えば、少人数制の外国語の授業では、先生からの意欲的な質問に積極的に答えなければならないため、集中力を高める効果がある。実際、生徒が5人しかいない私の予備校の英会話クラスは活気に溢れており、熱意ある先生と交流することで、英語の表現能力を高めることができた。もちろん、どれだけ活気のあるものであっても、少人数制の授業を受けるだけで必ずしも成績が上がるわけではない。それには自習などのさまざまな要素が関わってくるからだ。しかし、このようなインタラクティブなクラスがなければ、私がそこまで効果的に英語に磨きをかけるのは難しかっただろう。

２つ目に、少人数制のクラスではコミュニケーションが密にな
るため、先生は生徒の長所や短所をより多く見つけて、それに基
にしてより有益なアドバイスをすることが可能だ。例えば、語学
の先生から一人ひとりに合わせたの実践的なアドバイスをもらう
ことで、語学力に良い影響がある。実際、私の予備校のライティ
ングクラスは生徒が４人しかおらず、献身的な英語講師の鈴木
先生は毎週のエッセイを徹底的にチェックした上で一人ひとりに
合わせたフィードバックを与えてくれるため、ライティングの力
を高めることができる。確かに、大人数のクラスには、たくさん
の生徒から刺激を受けられるというような利点もあるかもしれな
い。しかし、このような熱心な先生から建設的なアドバイスをも
らうことがなければ、私は英語力をこれほどまでに高められない
だろう。

　　結論として、少人数制のクラスは、生徒の集中力が高まり、教
師が一人ひとりに合ったアドバイスを与えられるという点で、生
徒にも教師にもプラスに作用する。したがって、私は大人数クラ
スよりも少人数クラスの方が望ましいという意見に賛成である。

なみ	良い感じでコラボできたね！
ゆり	めっちゃ良い感じ！
先生	そうだね。2人とも本当によく頑張ったよ！　次はこうき君ととも君のエッセイを合体させてみようか。
とも	え、こうき君の段落と俺のをくっつけるんですか？
こうき	そんなに嫌？
とも	まあこうき君もぽちぽち頑張ってたから今回は許してやるかな。
ゆり	本当はうれしいくせに！
なみ	素直じゃないなあ。

I agree with the opinion that small classes can be more important than large ones. There are two reasons for my belief.

First, small classes help students to concentrate more on what their teachers say and to learn many subjects more effectively. For example, a small foreign language class where the teacher asks students more questions can benefit their language skills. In fact, my prep-school English conversation class with just five students has allowed me to communicate with my energetic teacher in a more active manner, resulting in a significant improvement in my speaking skills. To be sure, just taking small classes may not necessarily mean better grades, which require many other factors, such as perseverance. However, without such a small interactive language class taught by an enthusiastic teacher, it would have been impossible for me to improve my English to such a great extent.

Second, small classes enable teachers to interact with their students and provide more customized advice based on their strengths and weaknesses. For instance, more customized tips from language teachers in small classes can have a positive impact on your ability to express yourself in a foreign language. In fact, my prep-school English writing class with only four students allows our teacher to read through our weekly essays and then offer more tailor-made tips about how to enhance our writing skills. It was this feedback that helped me acquire 28 out of 30 points in the writing section of the TOEFL test last year. Admittedly, smaller classes may not guarantee better language skills, which involve many other factors, including taking other classes and reading reference books, to name but a few. However, had it not been for such valuable advice from my teacher, I would have found it difficult to achieve such a high score on the challenging exam.

In conclusion, small classes have more beneficial effects on students in terms of greater concentration and more customized advice. Therefore, I am in favor of the opinion that small classes can be of greater importance in helping students improve their academic performance. (344 words)

こうき＋ともの完成英作文の和訳

　少人数クラスは大人数クラスよりも、効果的に学習するうえで重要であるという意見に賛成だ。この意見には２つの理由がある。

　１つ目に、少人数クラスでは、生徒が先生の話に集中することで、多くの科目をより効果的に学べる。例えば、少人数の外国語の授業では、先生が生徒により多くの質問をすることで、生徒の言語能力を高めることが可能だ。実際、私が通っている予備校の英語スピーキングクラスには、生徒が５人しかおらず、熱意ある先生とやる気のあるクラスメートとより積極的にコミュニケーションを取ることで、スピーキング力を大きく高めることができた。確かに、少人数クラスを取っても必ずしも成績が向上するとは限らない。それには忍耐力など他の多くの要素が必要となってくるからだ。しかし、このような少人数のインタラクティブな語学のクラスで熱意のある先生に教わっていなければ、私が集中してこれほどまでに英語を上達させることはできなかったであろう。

　２つ目に、少人数制のクラスでは、生徒と対話して見つけた彼らの弱点や長所を基にして先生が効果的なアドバイスをすることが可能だ。例えば、語学の先生が一人ひとりに合ったアドバイス

することで、生徒の外国語の表現能力にプラスに働く。実際、私の予備校のライティングのクラスは、生徒が 4 人の少人数制で、先生が毎週エッセイに目を通して一人ひとりに合ったヒントを与えてくれるため、ライティングスキルを高めることが可能だ。まさにこのフィードバックのおかげで、私は昨年の TOEFL という試験のライティングセクションで 30 点中 28 点を獲得できた。確かに、少人数制のクラスを取ったからといって必ずしも語学力が向上するわけではない。それには、他の授業を取ることや、参考書を読むことなど、多くの要素が必要となってくるからだ。しかし先生から貴重なアドバイスをしてもらわなければ、その難しい試験で高得点を獲得することは難しかったであろう。

　結論としては、少人数クラスの方が、生徒の集中力が高まり、教師から効果的なアドバイスが得られるという点で、学生にとって有益となる。したがって私は、少人数クラスの方が、学生の成績を向上させるために重要な役割を果たしてくれるという意見に賛成である。

先生	これで Lesson 9 は終わりだよ。Lesson 10 で総仕上げをしよう。
なみ	最後のレッスンか。ちょっと寂しいかも。
こうき	最後も頑張ろうね！
ゆり	うん。
とも	最後なのか……。
なみ	あれなんか寂しそう？
とも	そんなわけないじゃん！
ゆり	強がっちゃって！

LESSON

10

総仕上げの
レッスン

300語の英作文も怖くない！

Lesson 10

総仕上げのレッスン

300語の英作文も怖くない！

┤ **Lesson 10のポイント** ├

さあ、いよいよ最後の仕上げのレッスンです。これまでやってきたことをフル活用して、長めの自由英作文に挑戦しましょう。トピックは「Human activities have made the earth a better place.」です。最初に示す段落構成を参考にして、自分のテンプレートを活かしながら、300語くらいの英作文を完成させてみましょう。

◎ 頻出トピックに挑戦！

先生　この時間はHuman activities have made the earth a better place.（人間の活動で地球が良い場所になった。）っていうトピックについてエッセイを書いていくよ。Lesson 2で使った「因果関係」と「抽象から具体」の流れを参考にしてみよう。

> 例題
> **以下の意見に対する反論を、300語程度の英文で書きなさい。**
> **Human activities have made the earth a better place.**

先生　環境問題は、頻出のトピックで、埼玉大学、岡山大学、鹿児島大学などでも出題されているよ。さらにテクノロジー関係のトピックも頻出で、北海道大学、大阪大学、青山学院大学、早稲田大学などでも

246

出題されているんだ。「環境」「テクノロジー」という2つの観点をうまく組み込み、理由を考えて構成しよう。

理由1

①人間の行動で他の動植物に悪影響。

②森林伐採 (deforestation) で多くの動物が激減。

③東南アジアの森林伐採で類人猿 (apes) が絶滅 (extinction) の危機。

④マレーシアでの森林伐採でオランウータン (orangutans) が絶滅の危機。

理由2

①工業化 (industrialization) で世界各地で人々に深刻な悪影響。

②アジアでも工業化による汚染 (pollution) で多くの人が苦しんでいる。

③中国でもさまざまな都市で大気汚染 (air pollution) の影響で病気になる人が増加。

④私が中国の首都北京で暮らしている頃も PM 2.5 が深刻で喘息 (asthma) に。

先生　これまで学習してきた展開を活用してエッセイを完成させてみよう。

こうき　テンション上がってきた！

とも　自分史上最高のものを書いてやる。

先生　時間は30分。スタート！

（30分後）

先生　みんなちゃんと書けたかな？

ゆり　バッチリです！

先生　じゃあゆりさんの第1段落を見てみようか。

ゆり　こんな感じです！

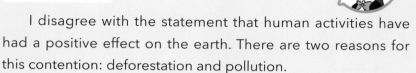

第 1 段落

I disagree with the statement that human activities have had a positive effect on the earth. There are two reasons for this contention: deforestation and pollution.

ゆり　めっちゃシンプルなんですけど、こんな感じで大丈夫ですか？

先生　よく書けてるよ！　トピックは「Human activities have made the earth a better place.」だったけど、それを「IPP」の表現の1つである「have a positive effect on」を使ってうまく書き換えられてる。

なみ　最後に「deforestation」と「pollution」っていう理由をちゃんと添えてるのも良い感じ。

先生　そうだね。こんな形で、第2段落と第3段落で述べる理由を簡単に添えておくと、読む人に内容が伝わりやすくなるよ。

ゆり　他に1段落目に何か足すことってできますか？

先生　これまで学習してきた**「譲歩逆接」**の展開を加えてあげられると良いんじゃないかな。

こうき　どんなふうに書いたら良いんですか？

先生　**「Although SV, SV.」** を使うのが1つの方法だね。1つ目のSVには「some people may argue that SV,」っていうのを使うと便利だよ。その「SV」に自分と反対の意見を書いておくんだ。

とも　この場合なら、「人間の活動のおかげで地球が良い場所になったと主張する人もいるけれど」って感じにすれば良いってことか。

先生　そうだね。

POINT

「Although some people may argue that SV,」で譲歩しておく。

先生　「SV」の部分に「人間の活動のおかげで地球が良い場所になった」を英語にして入れると？

こうき　ポジティブな内容だから「important」「possible」「positive」の「IPP」の表現が使えるよね。

先生　そうだね。そのどれかを使って英語にすると？

こうき　Although some people may argue that human activities have had a favorable effect on the earthって感じかな。

先生　良い感じだね。他にも「IPP」のいろいろな表現を使って書けるから、自分なりの譲歩を書けるようにしておくと良いね。その後に逆接の文を続けていこう。

なみ　「I strongly believe that they have negatively affected this planet.」とかで良いのかな。

先生　そうだね。2文目は、理由が書かれたゆりさんの文をそのまま使おう。

Although some people may argue that human activities have had a favorable effect on the earth, I strongly believe that they have negatively affected this planet. There are two reasons for this contention: deforestation and pollution.

ゆり　こうやって「譲歩逆接」を第1段落で使えば良いのか。次はこんな感じで書いてみよっと。

先生　短い自由英作文だと第1段落で譲歩を書く必要はないけど、本格的な長いエッセイを書く場合には使ってみると良いよ！　そうしたら、第2段落を見てみようか。

とも　自信作なんで僕のを見て欲しいかも。さっきのリベンジを早くしたいから。

先生　それじゃあ早速、とも君の第2段落を見てみよう。

こどもの答案の確認

テンプレート

Ⓐ adversely affect Ⓑ. Ⓒ prevent Ⓓ ~ from V-ing. For instance, Ⓔ interfere with Ⓕ. In fact, Ⓖ deprive Ⓗ ~ of ~. It may be true that some Ⓘ can have a positive influence on Ⓙ. 仮定法を使って自分の言葉で Ⓚ と Ⓛ の内容を書く。

英作文

First, Ⓐhuman activities have adversely affected Ⓑa myriad of plants and animals on the earth, Ⓒwhich has prevented Ⓓthem from living peacefully. For instance, Ⓔsevere deforestation has interfered with Ⓕrare apes and their natural habitats in Southeast Asia, where their numbers have plummeted. In fact, Ⓖorangutans in Malaysia, where merciless deforestation has deprived Ⓗthem of their natural habitats, are now on the verge of extinction. It may be true that some Ⓘhuman activities can have a positive influence on Ⓙthe flora and fauna of this world, such as establishing wildlife preserves. However, without Ⓚsuch deforestation by human beings, it would have been possible Ⓛ for those endangered species to live on this planet undisturbed.

先生	どんなところが良かったかな？
こうき	Ⓑ の「a myriad of」って初めて見たかも。
先生	「a very large number of」っていう意味だよ。「a lot of」や「many」に頼りすぎずに、「たくさんの」っていう意味の形容詞的な表現をいろいろ使えると良いよね。
とも	他にも「numerous」や「innumerable」があるな。
先生	そうだね。「number」と同じ語源だから覚えやすいかもしれないね。他にはどんなところが良かったかな？
ゆり	Ⓒ の「, which has prevented」も良い感じ。
とも	あ、そこね。一瞬「, so ～」って書きたくなったけど、前の授業で「soって書きたくなったらwhichって書いてみる」って言われたのをやってみただけ。
先生	そうだね。「so」じゃなくて「which」を使うと、これまで学習してきた「IPP」をはじめとするさまざまな表現が使いやすくなるからオススメだよ。
とも	「which has prevented」は「preventing」にもできるな。これも先生に習ったことだけど。
先生	そうだったね。よく覚えてたね。他には？
なみ	Ⓔ の「deforestation」に「severe」っていう形容詞をつけてるのも良い感じだよね。**名詞に形容詞をつけて具体的にすると良い**って先生に言われたのを実践できてる。
先生	そうだね。言われたことを実践する姿勢はすごく大切だよ。他には？
こうき	Ⓕ の「rare apes and their natural habitats in Southeast Asia, where their numbers have plummeted」ってとこは、テンプレート以外にもいろいろ工夫してる。すごいと思う。
とも	工夫したっていうか、言われたことをそのままやってみただけなんだけどね。
先生	例えば？
とも	まあ、さっきと同じで、「apes」に「rare」っていう形容詞をつけて「希少な類人猿」にしたり。
先生	他には？

とも	「Southeast Asia」っていう場所が出てきたから、とりあえず「, where SV」を足してみたり。
先生	そうだね。**場所を書いたら「where」をつけて前の内容に関連する文を足す**っていうのは学習済みだね。それをきちんと実践してるのが偉いよ。
こうき	しかもとりあえず足してるだけじゃないよね。「have plummeted」ってめっちゃヤバいと思う。
とも	こないだのリーディングのテキストに載ってた「激減する」っていう意味の単語をそのまま使っただけだけどね。
先生	覚えてるだけじゃなくて実際に使う姿勢もすごく大事だよ。**環境系の話題はライティングのトピックとして頻出**だから、「絶滅」っていう表現もいろいろ書けるようにしておくと良いよ。
とも	俺は「絶滅する」っていうと、「become extinct」「die out」っていうのが思い浮かんでくるな。
先生	そうだね。頻出の内容は複数通りで言えるようにしておこう。
こうき	メモメモ。
先生	じゃあ、「絶滅の危機にある」っていう内容はどうやって英語で表現したら良いかな？
なみ	普通にさっきとも君が言ったやつを現在進行形にする感じでも良いと思う。「be dying out」みたいな感じで。
とも	あとさっき俺が使った「be on the verge of extinction」とか、「be in danger of extinction」なんていうのもある。
先生	お見事！　他に良いところはあったかな？
とも	ⓖの「merciless deforestation」っていうところは、けっこう自分でも気に入ってる。「情け容赦ない森林伐採」って感じで、森林伐採の激しさを表現してみたんだ。
先生	良い感じだよ。とりあえず「great」で強めてみる方法があるっていう話は前の授業でしたけど、それ以外にも、もっと具体的な内容を表せる形容詞を使えるようになろうね。他には？
なみ	ⓙの「the flora and fauna of this world」は驚いたわ。こないだのリーディングのテキストに出てきたやつだけど、自分で使おうとは思

わなかったな。

とも　あ、それね。前の文で「plants and animals」って書いたから、違う言い方にしたいなと思ったんだ。

ゆり　「a positive effect on the flora and fauna of this world」だけでもすごいのに、その後に「such as establishing wildlife preserves」っていう例を足してるのマジヤバいと思う。

とも　そういうの使えるようになりたいと思ってめっちゃ音読してる。

こうき　ただ頭が良いだけじゃなくてそうやって陰で努力してるんだね。

とも　まあね。

先生　語学に関してはそういう地道な努力は裏切らないからね。他に良いところはあったかな？

ゆり　Ⓛ の「for those endangered species to live on this planet undisturbed」はヤバいよね。「絶滅危惧種」っていう意味の「endangered species」を使ってるし。

とも　ああ、そこね。まあそこまですごいとは思わないけど。

こうき　めっちゃヤバいと思うよ。「undisturbed」っていうのも。

とも　だってさ、テンプレのⒺのところに「interfere with」って あるじゃん？　それの類義語で「disturb」っていうのがあるんだよ。それの延長線上で「undisturbed」は「邪魔されない」って意味になるから覚えやすいし。

先生　お見事！

とも　ところで文法的なミスってありました？

先生　文法的なミスは……。

こうき　何か僕がドキドキしちゃうな。

先生　なかったよ！

こうき　やったじゃん、とも君！

とも　まあ、それが俺本来の姿だからね。当たり前のこと。

ゆり　素直じゃないなあ。顔笑ってるし。

なみ　本当はめっちゃうれしいんでしょ！　バレバレだから！

先生　ははは。それじゃあ、次はなみさんの第3段落を見ていこうか。

理由２

①工業化 (industrialization) で世界各地で人々に深刻な悪影響。

②アジアも工業化による汚染 (pollution) で多くの人が苦しんでいる。

③中国でもさまざまな都市で大気汚染 (air pollution) の影響で病気になる人が増加。

④私が中国の首都北京で暮らしている頃も PM 2.5 が深刻で喘息 (asthma) に。

なみの答案の確認

テンプレート

Ⓐ have a detrimental influence on Ⓑ. Ⓒ keep Ⓓ ~ from V-ing. For example, Ⓔ prevent Ⓕ~ from V-ing. In fact, Ⓖ make it impossible Ⓗ for~ to V. To be sure, there may be some advantages to Ⓘ, such as Ⓙ. 自分なりの仮定法の文でⓀ とⓁ の内容を表現して前文を逆接(「Were it not for Ⓚ, S would V).」など)。

英作文

Second, Ⓐpollution caused by urbanization and industrialization have a detrimental influence on Ⓑhumanity, Ⓒkeeping Ⓓhundreds of millions of people from living healthy lives. For example, Ⓔserious contamination from rapid industrialization in Asian nations has prevented Ⓕmany of their citizens from maintaining their health. This adverse effect of industrial pollution is illustrated by my own experience as an exchange student in Beijing, the capital of China, where hazardous pollutants, including PM 2.5, caused me to develop asthma. To be sure, there may be some advantages to Ⓘindustrialization, such as

Ⓙthe improvement of infrastructure. However, without Ⓚsuch severe pollution caused by industrialization, Ⓛmany people would find it significantly easier to lead far healthier lives.

＊テンプレートの ⒼⒽ は使わずに例示。

なみ	どうだったかな？
こうき	めっちゃ良い感じだよ！
なみ	こうき君って何でも「めっちゃ良い感じ」って言うじゃん！
こうき	本気でそう思ってるから。みんなめっちゃ英作文うまいし！
なみ	まあ確かにそうだよね。あ、文法的な間違いってあったかな？
ゆり	私はなかったと思うけど。
とも	1つだけあったかも。
なみ	やっぱりね。ミスがない完璧な英作文なんて、なかなかないからなあ。SNSみたいな短いやつでも誤字脱字ってあるしね。
先生	確かにそうだね。間違いはどこにあったのかな？
とも	Ⓐの「have」かな。
なみ	あ、出だしのとこかあ。「have」じゃなくて「has」だよね。「pollution」がSだから。油断してたな。他にもミスってありましたか？
先生	それだけだったよ！　内容的にも表現的にも洗練された素晴らしいエッセイになってるから安心してね。
なみ	めっちゃ安心した！
先生	それじゃあなみさんのエッセイの素晴らしいところをいろいろ探していこうか。どんなところが良かったかな？
こうき	Ⓐの「pollution caused by urbanization and industrialization」ってとこ。僕なら「industrialization」しか書いてなかったと思う。
先生	因果関係が明確になっていて素晴らしいね。他には？
ゆり	Ⓒの「, keeping」も良い感じ！
なみ	そこね！　結果を表す「, which V」にしようと思ったんだけど、それって「, V-ing」にできるって教わったから、早速使ってみたよ。
先生	「SV, so SV」の連発にならない工夫がどんどんできるようになってき

	てるね。他には？
とも	Ⓔの「serious contamination from rapid industrialization in Asia」ってとこもレベル高いと思う。
先生	どうしてかな？
なみ	「pollution」を「contamination」で言い換えてるのヤバいよね。
とも	「serious contamination」とか「rapid industrialization」みたいに名詞をちゃんと形容詞で修飾してるのも。
先生	そうだね。名詞の後に「such as」とか「including」で例を足せるのはすごく大事なことだったね。他には？
ゆり	Ⓕの「many of their citizens」って地味にうまいと思う。
先生	どうしてかな？
ゆり	私なら「people」の繰り返しになっちゃうと思ったから。
先生	そうだね。**「people」に頼らずに、もっと具体的な言葉を使うように心がけるのは、すごく大切**なことだね。お見事だったよ。他には？
とも	いちばんヤバいのがⒼⒽの代わりの「This adverse effect of ~」で始まってる文。衝撃的だわ。
なみ	ああ、あれね！　実は鈴木先生の英作文特別講座で前に教わったやつを使ってみたんだよ。
先生	よく覚えてたね！　「For example」とか「For instance」に頼らない例示の仕方として紹介したんだった。
とも	俺が入塾する前だな。まったく記憶にないから。
先生	そうだね。別の例で説明してみよう。

> Ⓐ私のⒷカナダでのⒸ交換留学生としての経験が、この一例である。
>
> **This is illustrated by Ⓐmy own experience as Ⓑan exchange student in ©Canada.**

先生	「ⒶのⒷとしてのⒸでの経験がその例になっている」っていう意味だと思っておくと良いよ。
なみ	確か「illustrated」は「demonstrated」とは「exemplified」に書き

換えられるっていうのも習ったな。

先生　そうだったね。あと、なみさんの「This adverse effect」みたいに、「This」の後にこれまで習ってきた「IPP」の関連表現を足してあげるとさらに良い感じになるね。この文の良いところは、©の地名の後ろに「, where」をつけて、文法的にも内容的にも充実させやすいところだよ。

これは、Ⓐ私自身の©カナダでのⒷ交換留学生としての経験からもいえることで、Ⓓ英語が流暢だったからこそ、Ⓔ先生やクラスメートと交流することができた。

This is illustrated by Ⓐmy own experience as Ⓑan exchange student in ©Canada, where Ⓓmy fluency in English allowed Ⓔme to communicate with my teachers and classmates.

POINT

ポジティブな内容の

「Ⓐ の Ⓑ としての © での経験が、この一例である。」

This is illustrated by Ⓐ's experience as Ⓑ in ©, where Ⓓ allow Ⓔ ~ to V.

ネガティブな内容の

「Ⓐ の Ⓑ としての © での経験が、この一例である。」

This is illustrated by Ⓐ's experience as Ⓑ in ©, where Ⓓ prevent Ⓔ ~ from V-ing.

＊Ⓓ の動詞は文脈によってIPPのポジティブ系かネガティブ系のどちらかの表現を適宜選んで使う。
＊「allow」以外の「important」「possible」「positive」系の表現も使える。
＊「prevent」以外の「impossible」や「negative」系の表現も使える。

先生	昔教えたこの表現をここで使ってきたなみさん、本当にお見事だったね。
なみ	ありがとうございます！
先生	他になみさんのエッセイで良いところはあったかな？
とも	①の「positive aspects to industrialization」の後ろに、「such as the improvement of infrastructure」っていう例をつけたのも悪くない。
ゆり	素直に「上手」って言えば良いのに。
なみ	素直じゃないんだよね、とも君。ほんとはうちのことめっちゃほめたいんだよね。
先生	ははは。ここでも名詞の後ろに「such as」や「including」を使って例を足せてるね。お見事！　まだ何かあるかな？
こうき	⑥の「many people would find it significantly easier to lead far healthier lives」っていうのもうまいよね。
先生	そうだね。「find OC」を使って難易を表せるのも大事なことだったね。
とも	「significantly」で比較級を強めてるのも良いね。
先生	そうだね。なみさんお見事！　素晴らしい段落だったよ！
なみ	ありがとうございます！
先生	それじゃあ、最後にこうき君の第4段落を見ていこうか。
こうき	あ、僕が最後か。何か緊張するな。大丈夫かな。

こうきの答案の確認

テンプレート

　　In conclusion, deforestation and pollution have had negative effects on both human and animal lives. Therefore, I disagree with the statement that human behavior has resulted in the betterment of this planet.

こうき	最後だから僕なりに頑張ってみたけどどうかな？
ゆり	めっちゃ良い感じじゃん！
なみ	やるじゃん！
こうき	え、ほんと？　やったね！
なみ	「result in」を使って因果関係を書いてるのも良い感じ。
こうき	みんなが鈴木先生に習ったやつを使ってるから、僕もここで使ってみたよ。
とも	あと「betterment」な。
こうき	「better」って「より良くする」っていう意味の動詞として使えるってリーディングの授業で習ったでしょ？
先生	そうだったね。
こうき	そのとき「betterment」っていう名詞も一緒に習ったから使ってみました。
先生	お見事！　「improvement」は「足りないものを補って良くする」、「better」は「そのままでも良い感じのものをさらに良くする」っていう意味だから気をつけようね。
なみ	うちも使ってみよっと！
先生	これでHuman activities have made the earth a better place.っていう主張に反対するエッセイが完成したよ。できあがったものを読んでみようか。

Although some people may argue that human activities have had a favorable effect on the earth, I strongly believe that they have negatively affected this planet. There are two reasons for this contention: deforestation and pollution.

First, deforestation by human activities has adversely affected a myriad of plants and animals on the earth, which has prevented them from living peacefully. For instance, severe deforestation has interfered with rare apes and their natural habitats in Southeast Asia, where their numbers have plummeted. In fact, orangutans in Malaysia, where merciless deforestation has deprived them of their natural habitats, are now on the verge of extinction. It may be true that some human activities can have a positive influence on the flora and fauna of the world, such as establishing wildlife preserves. However, without such deforestation by human beings, it would have been possible for those endangered species to live on this planet undisturbed.

Second, pollution caused by urbanization and industrialization has had a detrimental impact on humanity, keeping hundreds of millions of people from living healthy lives. For instance, serious contamination from rapid industrialization in Asian nations has prevented many of their citizens from maintaining their health. This adverse effect of industrial pollution is illustrated by my own experience as an exchange student in Beijing, the capital of China, where hazardous air pollutants, including PM 2.5, caused me to develop asthma. To be sure, there may be some advantages to industrialization, such as the improvement of infrastructure. However, without such severe pollution caused by industrialization, many people would find it significantly easier to lead far healthier lives.

In conclusion, deforestation and pollution have had negative effects on both human and animal lives. Therefore, I disagree with the statement that human behavior has resulted in the betterment of this planet. (297 words)

Lesson 10 総仕上げのレッスン

　人間の活動が地球に良い影響を与えていると主張する人もいるが、私は人間の活動が地球に悪影響を及ぼしていると強く信じている。それには森林伐採と汚染の2つの理由がある。

　1つ目に、人間の活動の悪影響を受けて多くの動植物が平穏に暮らせなくなっている。例えば、東南アジアの国々では深刻な森林伐採が進み、希少な霊長類とその生息地に害が及び、その数が激減している。実際にマレーシアのオランウータンは森林伐採で自然の生息地を奪われ、絶滅の危機に瀕している。人間の活動の中には、野生動物保護区の設置などのように、世界の動植物に良い影響を与えるものもあるかもしれない。しかし、人間がそのような森林伐採を行っていなければ、そのような絶滅危惧種は邪魔されることなくこの地球上で生活できたであろう。

　2つ目に、都市化と工業化で地球上の人間の生活に悪影響が及び、何億人もの人が健康な暮らしができなくなっている。例えば、アジアの国々では工業化が急速に進んだことで汚染が深刻となり、国民の多くが健康を維持できなくなっている。中国の首都北京に留学した際、PM 2.5 をはじめとする有害な大気汚染物質により喘息を発症した私の経験が、産業による公害の有害性の一例となっている。確かに、工業化にはインフラが整備されるというような、良い面もあるかもしれない。しかし、そのような工業化による深刻な汚染がなければ、多くの人々がはるかに健康的な生活を送りやすくなることだろう。

　結論として、森林伐採と汚染は、人間と動物の生活に悪影響を及ぼしてきた。したがって人間の行動が地球の改善に繋がったという意見には賛成しかねる。

ゆり	良い感じに仕上がったね！
なみ	うん！　うちらヤバいね！
こうき	この10レッスンでけっこう成長できたかな。
とも	みんながすごく頑張ってるから、俺も頑張ろうって思えたよ。本当にありがとう。
なみ	あ、とも君がめっちゃ素直になってる。
ゆり	ほんとだ！
とも	最後だからちゃんと気持ちを伝えなくちゃいけないと思ってさ。
こうき	ありがとう！　僕もとも君からめっちゃ刺激受けたよ。
とも	合格目指してこれからも頑張ろうな。
先生	これで10レッスンの自由英作文講座はおしまいだよ。みんなよく頑張ったね。
ゆり	頑張って第一志望の大学に合格しなくちゃ！
こうき	僕ももっと頑張って第一志望の大学に合格する！　ありがとうございました！
先生	それじゃあ授業はここまでにしよう。みんなの合格を祈ってるよ。最後まで聞いてくれて本当にありがとう。
とも	先生ありがとうございました！
こうき	とも君一緒に頑張ろうね！
とも	おう！　俺は負けないよ！
なみ	先生、みんな、本当にありがとう！

No matter how many obstacles life throws your way, trust that you will overcome them because you were born to make your dreams come true. Good luck!

（人生には多くの試練が待ち受けていますが、自分を信じて乗り越えれば、夢は必ず叶います。頑張りましょう！）

巻末資料

◎ 脱・単調英作文のための、連発NG5表現

　100 〜 150 語など、ある程度の量の英作文を書くときに、同じような表現ばかりが続くと、文章がとても単調になってしまいます。また、細かいニュアンスを表現しきれず、本当に伝えるべきことが伝わりません。

　そうならないための、5 大連発 NG 表現と、その改善方法を復習しましょう。

● 1.「be important」を連発しない!

　🔄 **イイカエ**「A は B において重要だ」

　☐ A play an important role in B.

　☐ A serve as an important tool in B.

　☐ A serve as an important means of B.

　☐ The importance of A in B cannot be overestimated.

＊ a means of 〜は「〜の手段」

● 2.「can」を連発しない!

イイカエ
① 「A は B が V するのを可能にする(A のおかげで B は V できる)」

☐ A make it possible for B to V.

☐ A enable B to V.

☐ A allow B to V.

イイカエ
② 「できる・可能にする」のニュアンスを弱める

☐ A help B (to) V.

☐ A make it easy for B to V.

＊「easy」を「easier」にするとさらにニュアンスが弱まる。

● 3.「cannot」を連発しない!

イイカエ
① 「A は B が V するのを不可能にする(A のせいで B は V できない)」

☐ A make it impossible for B to ～ .

☐ A prevent B from V-ing.

☐ A stop B from V-ing.

☐ A keep B from V-ing.

＊「impossible」を「hard」や「difficult」にするとニュアンスが弱まる。
＊「harder」や「more difficult」にするとさらに弱まる。

イイカエ
② 「A は B から C を奪う(A のせいで B は C できない)」

☐ A rob [deprive] B of C.

例 「貧困が彼から学校教育を奪った(≒彼は貧しくて学校に行けなかった)」

Poverty robbed [deprived] him of a formal education.

＊ C をうまく書けない場合、「A rob [deprive] B of the opportunity to V.(A が B から V する機会を奪う)」にすると書きやすいことがある。例えば上の文なら「Poverty robbed [deprived] him of the opportunity to go to school.」になる。

● 4.「, so SV.」を連発しない!

イイカエ
⟳ ［原因］だったから、［結果］になった。

　　□ ［原因］cause ［結果］.

　　□ ［原因］lead to ［結果］.

　　□ ［原因］result in ［結果］.

　　□ ［原因］bring about ［結果］.

　　例 「怠けていたから私は試験に落ちた」

My laziness
{
caused my failure
led to my failure
resulted in my failure
brought about my failure
} in the exam.

● 5.「a lot of」「many」を連発しない!

イイカエ
⟳ たくさんの〜

　　□ a myriad of 〜

　　□ numerous 〜

　　□ innumerable 〜

◎ 覚えておきたい　お決まりフレーズ集

　トピックに対して意見を述べるタイプの英作文で、決まり文句のように
よく使うフレーズがあります。書き出しの一言、比較するときの一言など、
使用シーンに合わせて使いましょう。

● 書き出しの表現

・「私は S が V するという 　意見に賛成である。」	☐ I agree with the opinion that SV. ☐ I am in favor of the opinion that SV.
・「私は S が V するという 　意見に反対である。」	☐ I disagree with the opinion that SV. ☐ I am against the opinion that SV.

＊ 「opinion」は「statement」に言い換え可能。

● まとめるときの表現

・結論として、S は V だ。	☐ In conclusion, SV.

● 比べるときの表現

・前者／後者	☐ the former ／ the latter
・〜の側での	☐ on the part of 〜

● 程度や状態の表現

・熱心な（献身的な）先生	☐ an energetic teacher ☐ an enthusiastic teacher ☐ a committed teacher ☐ a devoted teacher ☐ a dedicated teacher
・刺激的な質問	☐ stimulating questions
・効果的に	☐ effectively
・一人ひとりに合う	☐ customized ＋ 名詞 ☐ tailor-made ＋ 名詞

● 名詞のカタマリの表現

・〜できること　　　　　□ the ability to V

・〜を使うこと
　　　　　　　　　　　　□ the use of 〜
　　　　　　　　　　　　□ the employment of 〜
　　　　　　　　　　　　□ the utilization of 〜

● 「頑張る」のいろいろな表現

「V するのを頑張る」
という意味を表す表現
　　　　　　　　　　　　□ commit oneself to V-ing.
　　　　　　　　　　　　□ devote oneself to V-ing.
　　　　　　　　　　　　□ dedicate oneself to V-ing.

【「頑張る」を使ったいろいろな例文】

➡ 例えば「私は高校生のときに英語の勉強を頑張った」なら以下

□ I committed myself to studying English as a high school student.

□ I devoted myself to studying English as a high school student.

□ I dedicated myself to studying English as a high school student.

➡ さらにこれらの文を受動態にして以下のような文も可能

□ I was committed to studying English as a high school student.

□ I was dedicated to studying English as a high school student.

□ I was devoted to studying English as a high school student.

＊また、commitment [dedication/devotion] という名詞を使うと、これまで学習した表現と組み合わせることでさらに表現の幅が広がる。

➡ 例えば「英語の勉強を頑張ったので TOEFL テストで高得点が取れた。」なら以下

□ My commitment [dedication/devotion] to studying English enabled me to obtain a high score on the TOEFL test.

◎ テンプレートの確認

● ポジティブテンプレート1・important系
（AはBにおいて重要である。）

- A be important in B.
- A be of importance in B.
- A serve as an important tool in B.
- A play an important role in B.
- The importance of A in B cannot be overestimated.

＊「play an important role in」と「serve as an important tool in」の「important」は「vital」「essential」「crucial」「indispensable」「key」「critical」「central」「integral」「primary」に言い換え可能。

● ポジティブテンプレート2・possible系
（AはBがVすることを可能にする。）

- A make it possible for B to V.
- A enable B to V.
- A allow B to V.

ニュアンスを変える（AのおかげでBはVできる。）

- A help B (to) V.
- A make it easy for B to V.

＊「easy」を「easier」にするとニュアンスが弱まる。

● ポジティブテンプレート3・positive系
（AはBに良い影響を与える。）

- A have a good effect on B.
- A have a good influence on B.
- A have a good impact on B.
- A benefit B.

＊「good」は「positive」「beneficial」「favorable」に言い換え可能。
＊「impact」は大きな影響

● ネガティブテンプレート1・negative系
（AはBに悪影響を与える。）

- A have a negative effect on B.
- A have a negative influence on B.
- A have a negative impact on B.
- A negatively affect B.

＊「have a negative effect on」の「negative」は「adverse」「detrimental」「harmful」「unfavorable」「undesirable」に言い換え可能。母音で始まる形容詞の前は不定冠詞を「an」にする。

● ネガティブテンプレート2・impossible系
（AはBがVすることを妨げる［Bの〜を邪魔する］。）

- A make it impossible for B to V.
- A keep B from V-ing.
- A interfere with B.
- A rob B of ~.
- A stop B from V-ing.
- A prevent B from V-ing.
- A deprive B of ~.

ニュアンスを弱める（AはBがVすることを難しくする。）

- A make it hard for B to V.
- A make it difficult for B to V.

＊「hard」と「difficult」をそれぞれ「harder」と「more difficult」にするとさらにニュアンスが弱まる。

● 譲歩のサイン

- Admittedly, SV.
- Of course, SV.
- Certainly, SV.
- To be sure, SV.
- It may be true that SV.

● 譲歩のテンプレート［「譲歩のサイン」のSVを埋めるもの］
（AがBを保証するわけではない。／Aだからといって必ずしもBになるわけではない。）

- A may not necessarily mean B, which ~.
- A may not always lead to B, which ~.
- A may not necessarily result in B, which ~.
- A may not guarantee B, which ~.

● 譲歩テンプレートの補足
[「譲歩のテンプレート」whichの後ろを埋めるもの]
（「他にも〜のような」を後ろにつける）

- call for some other factors／such as ～／including ～ .
- demand some other factors／such as ～／including ～ .
- involve some other factors／such as ～／including ～ .
- depend on some other factors／such as ～／including ～ .
- require some other factors／such as ～／including ～ .

● 譲歩のテンプレート

（確かにAの中には、B（がVすること）に良い影響をもたらすものもある。）

- To be sure, there may be some A that enable B to V.
- Certainly, there may be some A that can have a positive effect on B.
- Of course, there may be some A that can play an important role in B.
- Admittedly, there may be some A that can benefit B.
- It may be true that some A can have a positive influence on B.

＊ 「have a positive effect on」は、「beneficial」「favorable」に入れ替え可能。
＊ 「some A that」の後ろの「IPP」の表現は互いに交換可能。

● 仮定法を使った逆接のテンプレート

〈現在のことを仮定〉
- However, without 名詞 , it would be 形容詞 for ～ to V.
- However, if it were not for 名詞 , it would be 形容詞 for ～ to V.
- However, were it not for 名詞 , it would be 形容詞 for ～ to V.

〈過去のことを仮定〉
- However, without 名詞 , it would have been 形容詞 for ～ to V.
- However, if it had not been for 名詞 , it would have been 形容詞 for ～ to V.
- However, had it not been for 名詞 , it would have been 形容詞 for ～ to V.

● 例示をするときの文例（AのCでのBとしての経験が、この一例である。）

- This is illustrated by A's experience as B in C.

  例 This is illustrated by my own experience as an exchange student in Canada.

この後に関係副詞の「, where」を加え、これまで学習した表現を使ってさらに具体的な内容を続けると効果的。

- This is illustrated by A's experience as B in C, where SV.

  例 This is illustrated by my own experience as an exchange student in Canada, where my ability to speak English helped me (to) communicate with my teachers and classmates smoothly.

鈴木健士（すずきたけし）
千葉県生まれ。英国立バース大学大学院修了。トフルゼミナール英語
科講師・通訳者・翻訳者。
2002年FIFAワールドカップや2005年日本国際博覧会（愛知万博）な
どの国際イベントの通訳・翻訳のほか、宇宙航空研究開発機構
（JAXA）のウェブサイトやNHKワールドのテレビ番組の英訳を行う
など、「ランゲージサービスプロバイダー」として幅広い分野で活躍中。
トフルゼミナールでは国内大学入試の英語対策、また海外留学対策指
導のエキスパートとして独自のメソッドを展開。「英文ライティング
のパイオニア」と評されるその指導力で、東京外国語大学や国際教養
大学など難関大学への合格者を毎年多数輩出するほか、英検準1級の
ライティングでも満点を取る生徒が続出。
主な訳書に『オバマ勝利の演説』『改訂第2版 CD3枚付 英語で聴
く 世界を変えた感動の名スピーチ』、共著書に『TOEFLテスト こ
こで差がつく頻出英単語まるわかり』（以上、KADOKAWA）がある。
前著『ここで差がつく！英文ライティングの技術 英語は「I」では
じめるな』（テイエス企画）は、英文ライティングの技術が凝縮され
た良著として好評。

英文校閲／James M. Vardaman、Taka Umeda

だいがくにゅうし きほん かた み
大学入試 基本の「型」がしっかり身につく
じ ゆうえいさくぶん ごうかくきょうしつ
自由英作文の合格教室

2021年10月29日 初版発行
2024年7月10日 3版発行

著者／鈴木 健士
すずき たけし

発行者／山下 直久

発行／株式会社KADOKAWA
〒102-8177 東京都千代田区富士見2-13-3
電話 0570-002-301（ナビダイヤル）

印刷所／株式会社加藤文明社印刷所